雷锋在营口

己丑年初夏於北京为

宽书

雷锋在营口

营 口 市 委 宣 传 部
政协营口市委员会文史资料委员会
中共营口市委党史研究室 编著

人民出版社

编　委　会

目 录

1

序

今年的 3 月 5 日，是毛泽东等老一辈无产阶级革命家为雷锋同志题词 60 周年。雷锋以短暂的 22 年生命为我们树立了一座永恒的丰碑，他甘愿做为民服务的孺子牛，用生命践行为共产主义事业奉献终身的铮铮誓言。中共营口市委宣传部、政协营口市委员会文史资料委员会、中共营口市委党史研究室合作推出《雷锋在营口》一书，重寻雷锋同志的光辉足迹，学习崇高的雷锋精神。

平凡铸就伟大。1960 年 1 月 8 日，雷锋在营口踏入军营，成为一名光荣的中国人民解放军战士。到营口的第一天，雷锋作为新兵代表发言。在营口的第一晚，雷锋感受到了人民军队大家庭的温暖。在营口，雷锋第一次参加政治学习、第一次练射击、第一次练队列、第一次练投弹……好战士雷锋在营口起步，把对党和人民的无限热爱融入平凡的工作学习生活中，为我们留下宝贵的雷锋精神，营口也就成为雷锋的第二故乡。

本书以大量的采访为基础，参阅有关书籍、历史文献、口碑资料，再现了雷锋在营口的成长历程，也记录了他在营口播下的雷锋精神的种子。在营口火车站打扫卫生、帮助劳动小学扫雪、苦练杀敌本领……书中描述的雷锋在营口的生活点滴，正体现了雷锋的崇高理想信念和平凡生活中的具体行动，而雷锋参军的历程、雷锋的日记、战友们的回忆，也丰富了我们对雷锋的精神世界、生平事迹的了解，让我们看到真实、立体、全面的雷锋。

60 年过去了，雷锋留下的足迹已成为营口一笔宝贵的精神财富，学习雷锋更为营口的文化血脉注入了特有的红色基因。1963 年 8 月 15 日，雷锋生前所在部队在营口市建立的"雷锋纪念馆"对外开放，它是全国首个雷锋纪念馆。雷锋生前部队先后有 76 位战友转业到营口市，他们退伍后继续宣传雷锋事迹，带头践行雷锋精神，成为各条战线的先进工作者。雷锋小学、雷锋中学、雷锋广场、雷锋塑像……雷锋一直在营口市民身边。学习雷锋剪纸、木浮雕，《雷锋》话剧，《雷锋》评书，《雷锋在营口》纪录片、微电影……宣传阐释雷锋精神一年比一年深入。"我心目中的雷锋""感动营口人物""营口好人""学雷锋标兵""学雷锋先进集体"不断涌现，雷锋精神日益成为激励营口人民践行社会主义核心价值观、奋进新时代的重要精神力量。2019 年，展馆面积 3700 多平方米的雷锋文化博物馆在营口落成，充分展示了 60 年来营口市弘扬践行雷锋精神的丰硕成果。

习近平总书记指出，"雷锋是时代的楷模，雷锋精神是永恒的""我们既要学习雷锋的精神，也要学习雷锋的做法，把崇高理想信念和道德品质追求转化为具体行动，体现在平凡的工作生活中，作出自己应有的贡献，把雷锋精神代代传承下去。"谨以此书表达对伟大的共产主义战士雷锋的崇高敬意，并愿此书能对各界人士深入学习传承雷锋精神，谱写新时代的雷锋故事，聚力全面推进社会主义现代化建设和中华民族复兴伟业有所助益。

李红莉 ①

2023 年 2 月于营口

---

① 李红莉同志系政协营口市委员会党组书记、主席。

第 一 章

雷锋从营口踏入军营

组建新兵营

雷锋,1940年12月18日出生于湖南省望城县,家有5口人,爸爸、妈妈、哥哥、弟弟和他。在暗无天日的旧社会,这曾经幸福美满的一家人遭受着不公的待遇,除了雷锋以外,其余4位家人都相继去世。

1959年11月中旬,沈阳军区遵照国防部指示,向各市、县的兵役局(后改称武装部)及所属各部队下达了冬季征兵任务,部署了相关工作。

此时,我国正处于三年困难时期。

与此同时,十年前败走台湾岛的蒋介石看准这个时机,磨刀霍霍妄图"反攻大陆"。

在风雨飘摇和重重困难中诞生的新中国怎么可能被这些打倒呢? 1958年11月16日,中国人民解放军7343部队(后改为3317部队),即沈阳军区工程兵工兵第十团进驻营口市。部队最紧要的任务是救灾与备战,唯有如此才能捍卫我们的新中国!

1959年12月3日至4日，沈阳军区工程兵司令部召集所属的7个工程兵团的团长和军务参谋及8个直属单位的主任、助理员，参加了补充新兵工作会议。驻营口的工程兵7343部队的团长吴海山和团司令部军务参谋戴明章参加了会议。会议确定，7343部队补充新兵数为358名，兵员征召范围为辽阳市及其所辖地区。

团长吴海山和军务参谋戴明章返回驻地营口后，经团党委研究决定，责成戴明章参谋根据会议部署的有关征兵工作的各项政策规定和相关精神，制订《7343部队1960年度补兵工作计划》，提出新兵营组织机构建议名单。

1959年12月6日，那是一个寒冷的星期天，工程兵7343部队党委召开了司令部全体军官会议。会上，下达了《7343部队1960年度补兵工作计划》，同时公布了组建接新兵的临时建制，即组建新兵营的决定。任命技术营参谋长荆悟先为新兵营营长，三营副教导员李恒基为新兵营教导员，戴明章为新兵营参谋。同时，决定组建新兵营临时党组织——党委会。党委委员由荆悟先、李恒基、戴明章及新兵营下设的三个新兵连的指导员担任。新兵营的军医由团卫生连的医生伍哲明担任。

次日，团司令部召开了第一次新兵营工作会议，传达了沈阳军区征兵工作的会议精神，团首长宣布了新兵营人事任命的决定，并对征召新兵的相关工作提出了要求。会上，司令部责成新兵营领导，对各新兵连人员编队、任务区分和组织工作进行讨论，提出保证计划实施、圆满完成征兵任务的方案。此后，新兵营和各连首长纷纷表示自己将不辱使命、保质保量完成上级交办的任务。

这次组织动员会议提高了新兵营对冬季征兵工作重要性的认识，为顺利完成沈阳军区工程兵工兵第十团新兵征召工作做好了组织上的准备。

决心去应召

冬季征兵的消息很快传到了位于辽阳境内的鞍山钢铁公司下属的弓长岭铁矿。当时，雷锋正在弓长岭铁矿焦化厂（也称焦化车间）参加基础设施建设。因为弓长岭铁矿从行政区划上属于辽阳市管辖，所以该矿的征兵工作由辽阳市兵役局负责。

1959 年 12 月 3 日下午 1 时，雷锋所在的鞍钢弓长岭铁矿焦化厂的党总支书记李钦荣为车间内符合条件的应征青年作了征兵动员报告，并通知他们第二天的早上 8 点开始报名。

雷锋听完报告后，心情异常激动。他第一个站起来发言："当兵是我们的义务，保卫祖国是我们的光荣职责。我坚决要求党总支批准我报名应征……"

在雷锋的带动下，陆续有 30 多位工人决定报名。

当晚，寒冷的西北风夹着鹅毛般大的雪花，吹得窗外呼呼作响。雷锋失眠了。他心想：明天我要争取第一个报上名。

雷锋在床上翻来覆去地睡不着，他一骨碌爬起来，找了件外衣披在身上，赶忙跑到负责应征报名工作的李钦荣书记那里。雷锋站在门外犹豫了一会儿，最后还是忍不住"啪！啪！"地敲起门来。李书记听到敲门声，起身打开房门。

雷锋看到李书记，不好意思地笑了。

李书记发问道："小雷，你半夜三更的不睡觉，跑到我这里来干什么？"

"我是来报名参军的！"雷锋答道。

李书记一边拉着雷锋的手往屋里走，一边说："你看这大冷的天，就穿这么点衣服，要是冻出病来，恐怕连枪都扛不动了，还怎么当兵啊！"说罢，李书记拿起压在自己被子上的棉袄，披在了雷锋身上。然后把雷锋拉到床边，笑着问："你说说，为什么这么急着要去当兵？"

"为什么……"

原来在1949年8月，解放军有一支部队路过雷锋的家乡。雷锋看见宿营的解放军一住下来就向老乡们问寒问暖，还帮助老乡挑水、扫院子，买柴、买菜都是按价付钱，而且还从不拿群众的一针一线。看后，雷锋打心眼儿里崇拜和尊敬他们，并从心底萌发了想要加入他们的愿望。于是，当时还只有9岁的小雷锋就鼓足勇气找到了这支部队的连长，提出了当兵的想法。当连长得知他苦难的身世和坚定的决心后，感到既心疼又欣慰，只好摸着他的头告诉他要等长大了才能当兵。说罢，这位连长还送给雷锋一支钢笔，鼓励他说：只有现在好好学习，将来长大了才能保卫和建设新中国。听完连长的话，小雷锋决心好好学习，长大后一定当个保家卫国的好兵。从此，他就一直盼望着能够早日穿上军装，成为一名光荣的人民解放军战士。

这件事已经过去整整十年了，如今的雷锋已长大成人，谁还能去阻止他实现当兵的梦想呢？

当李书记问雷锋为什么要当兵时，雷锋却愣住了。这若是在平时，他能滔滔不绝地讲上半天。但此时的雷锋一时不知该如何回答这个问题。

于是，他低下头思忖了一会儿，简单地说："我是苦孩子出身，在旧社会吃了好多苦。今天党把我培养成人，我们的生活也一天天好起来。这好日子来得多不容易呀！为了让我们的父母和兄弟姐妹不再受苦，我坚决要求当兵保卫祖国！"

李书记听完雷锋的话，非常支持和理解他，但又不无担心地说："雷锋，我可以给你联系一下，但你个子较矮，体重又不够，辽阳市兵役局能不能同意你报名，我可不敢担保啊！"

雷锋信心十足地回答："李书记，只要厂里同意，我就有信心。"最后，李书记让他先回去休息，第二天上班时再来报名。

多年后，李钦荣书记在回忆文章中写道："……我一看这小伙子连棉衣都没穿，不知是冻得还是激动，直打哆嗦……我一看劝不住他，就说：'小雷，你赶紧回宿舍休息，我一定支持你的行动，想办法送你参军。'我话是这么说的，但思想上却非常矛盾，像雷锋这样的青年工人，到厂仅仅几个月却处处表现突出，作为厂里的书记，我怎么舍得放他走呢？可是我又不好阻拦他一心应征报国的行为，所以第二天暗地里同征兵办的同志们说了一下，让他们设法留下雷锋。"

第二天早晨，雷锋早早地来报名，但只抢了个第二名。第一名被弓长岭矿回收工段适龄青年马守华抢了。雷锋见状急得直跺脚，遗憾不已。

其实，那时候雷锋在焦化厂当工人的工资待遇是很好的，去当兵的话，收入连当工人的四分之一都不到。很多工人一想到这一点就失去了参军的热情，可是雷锋不一样，他就是一个铁了心要去当兵、要去为人民服务的人。

雷锋为了表明坚决参军的决心，特地写了一篇激情洋溢的文章——《我决心应召》，发表在 1959 年 12 月 10 日的《弓长岭报》上。

图为 1959 年 12 月 10 日《弓长岭报》上发表的雷锋所写的《我决心应召》一文

我决心应召

十二月三日，当我听到车间总支李书记的关于五九年征兵的报告后，我激动得一时一刻都没有平静。深夜了，我怎么也睡不着觉，便从床上爬起来，跑到了车间办公室，叫醒了已熟睡的李书记，我问他，我能不能入伍呀！李书记笑着回答说："能呀。像你这样身强力壮的小伙子，参加人民解放军是顶呱呱的哩。"他从头到脚仔细地看了我一下说："哎呀，小雷怎么没穿棉衣呀！下这么大的雪，不冷吗？"这时我才觉得穿一套单衣有点寒冷，李书记把棉衣披在了我的身上。回到了宿舍，我还是不想睡觉，坐在条桌旁边写我入伍的申请书和决心书。

第二天一早，我想到车间去报头一名，天还没亮，哪知道回收工段适龄青年马守华同志比我更早，头一名让他得去了，真想不到我报的还是第二名。

参军！是我从小就有的愿望，人民解放军不仅是一个革命团结友爱的大家庭，而且还是个培养青年的革命大学校。现在我的愿望就要实现了，怎么叫我不高兴呢？

当我在入伍（登记）簿子上写到我要坚决"参军"二字时，一段辛酸的回忆涌上了我的心头：

我出身在一个很贫穷的农民家庭，父亲专靠给地主做长工来维持一家半饱的生活，终年辛勤的劳动，到了新年初一全家五口人有小米不到半升。抗日战争时期，我爸爸参加了革命，白天参加生产，到了夜晚就和村里的大人集合起来打鬼子，后来不幸被捕，被小日本鬼子活活地埋葬（其父遭日本人毒打后，病死……这里"……活活地埋葬"显然是一种夸张的比喻——编者注），全家无法生活，我哥只好去一个小小的机械厂当学徒，我和妈、弟三人只好上大街讨吃。一九四四年，我哥在工厂双手被机器轧断，脑袋被撞破，鲜血染红了里外的衣裳，不到两天而死。我那幼小的弟弟受不住那种生活的折磨，第二年活活地饿死在街头。我可怜的妈妈呀！逼迫投了江（实际是自缢身亡——编者注），剩下了孤孤单单六岁的我，只好给地主放猪，晚上和猪做伴，一旦到了冬天我冻得受不住，只好贴着肥猪的大肚子睡着，那大肥猪比我长得还高，它吃得比我还好哩，每天还有人伺候它。我呢？挨打挨骂是家常便饭，过着非人的生活。那时候我虽年纪小，对那些要命的野兽般的帝国主义和黑暗的社会是多么入骨的痛恨。

那时我真想：要是有亲人来搭救我，我一定要拿起枪，粉碎那些"狗豺狼"！为爹妈报仇。

光明伟大的党啊！您挽救了我，给我吃的、穿的，还送我念书，高小毕了业，进入初中，戴上了红领巾，加入了光荣的共青团，参加了祖国的工业建设，一天天地成长起来。

伟大的党啊！您是我慈祥的母亲，要是没有您我很难得到自己的一切。今天您需要我，我一定挺身而出，不怕牺牲和一切困难，永远忠于党、忠于人民，继承长辈优良的革命传统，为建设现代化强大的国防军，为保卫社会主义建设，保卫世界和平，我要把自己可爱的青春献给祖国最壮丽的事业！作一个真正的共产主义革命战士，粉碎帝国主义！早日解放台湾。

焦化车间工人——雷锋

初检未过关

1959 年 12 月 8 日清晨，虽然工兵第十团各部在营口的驻地比较分散，而且与火车站距离也各不相同，但按照预先通知，被抽调到新兵营的人员都按时或提前到达营口火车站广场。

当团首长一声令下，被抽调的 59 名官兵迅速地集合在营口火车站站前广场上，等候出发的命令。

集合完毕后，新兵营的官兵们有序地登上了前往辽阳的列车。早上 8 点整，火车驶离营口站。接近中午 12 点的时候，火车到达了辽阳火车站。

新兵营的官兵们到达辽阳市后，与兵役局的同志取得了联系，大家被临时安排在辽阳市第一招待所。兵役局的王局长和余新元副政委于当天下午特地接见了全体接兵人员，并介绍了辽阳市征兵工作的进展情况。新兵营的首长们对辽阳市的征兵工作表示满意。

当时，由于时间紧、任务重，新兵营的首长在到达辽阳市的第二天，就安排新兵营下属的三个新兵连按任务分区进驻到各个征兵站。

当时，辽阳城区以外的征兵体检工作分两步进行，即先由兵役局派出的工作人员根据身高 1.60 米以上、体重 55 公斤以上这一硬性条件，对应征者进行身高和体重的初检，并询问一些相关情况，然后将合格者送到城区内，到指定医院进行体检。

工兵第十团卫生连的医生伍哲明到辽阳的任务就是协助地方进行体检工作，同时也有监督地方在体检时执行标准情况的责任。

12 月 22 日，伍哲明在小屯体检站的一次巡查中，遇到了正在量身高、称体重的雷锋。当时正在检查身高的雷锋把身子挺了又挺，还踮起脚来，可惜也只有 1.54 米；在称体重时，他把身体使劲往下压，体重却只有 48 公斤。与中央军委下达的身高 1.60 米和 55 公斤体重的征兵标准都有一定差距。给他体检的老医生摘下花镜说："雷锋，你的身高、体重都不合格。"伍哲明看到这里，立即告诉雷锋："你可以回去了！"雷锋回答："我这两天感冒，今早到现在还未吃饭。"

这一下，把大家都逗乐了。伍哲明笑着对雷锋说："你肚子好大呀！一顿饭能吃好几公斤。真了不起啊！"雷锋却十分认真地回答："医生，我真的很能吃。"

弓长岭铁矿焦化厂总务股长陈日东就站在雷锋旁边，他对雷锋说："小雷，说话可要实事求是。今天早晨我们不都是吃了两个酥火烧、一碗酸菜吗？"

没想到，雷锋一听这话急得要哭了。他连忙说："首长，我早晨来得早，根本就没吃饭……"

伍哲明认真地对雷锋说："你还是回去吧，等明年体重和身高长上来了，再参军吧！"

雷锋听伍哲明这么一说更急了，开始与他软磨硬泡起来。

伍哲明说："你不够中央军委的征兵标准，磨也没有用！"

雷锋听后还是不肯走，继续向伍哲明"求情"。

伍哲明被他磨得没有办法，就反问他："你为什么要当兵？"

雷锋一脸严肃地说："首长，我当兵的目的是保卫祖国！保卫胜利果实！"

接着，雷锋眼含热泪地给伍哲明讲了苦难家史：雷锋的父亲、母亲、哥哥和弟弟都被万恶的旧社会夺去了生命。他还声泪俱下地指着手上的伤疤，讲述了自己是如何被狠毒的地主婆砍伤手的。雷锋还没有讲完，伍哲明的眼眶就已经湿润了。

伍哲明告诉雷锋："部队有纪律，你入伍的事儿我不能擅自做主。你去找我们的荆悟先营长说明情况，或是找辽阳市兵役局首长争取一下吧！"

雷锋首先找到荆营长，向他讲述了万恶的旧社会让自己成为孤儿的痛苦经历和自己一定要当兵的理由。荆营长非常同情他，但又不得不说明征兵是有规定和标准的，同时，还表示可将他的事情作为特殊情况向上级首长反映。

戴明章参谋来到了小屯体检站。他看到应征青年有的站在学校的窗外，有的站在操场上，大家仨一群，俩一伙，都怀着忐忑

雷锋故居

不安的心情在等待着体检。当他们看到体检完的青年出来时，都立即围上去询问。

　　这时，戴明章发现有一伙人围着一个小个子青年，听他挥舞着拳头在给大家讲他家在解放前如何受苦、受剥削，怎样受到日本帝国主义的压迫和国民党反动派的摧残，并说自己参军是为了保卫祖国，为死难的阶级弟兄报仇，等等。戴明章看到这个小个子青年讲得慷慨激昂，这么多应征青年围着他，感到好奇，便走过去一探究竟。这个小个子青年看到一位戴着一杠一星军衔的解放军干部向自己这边走来，立即迎了过去，并用手拉着戴明章的衣襟，用近乎哀求的声音说："首长，你一定要批准我当兵！"他这一句话，把周围的青年都逗乐了。戴明章说："当兵要先体检。"雷锋赶忙回答:"首长,那你批准了,我下午可就去体检了。"戴明章再没有回答什么,转过身走近体检组的护士小韩,低声询问道:"他叫什么名字?"小韩告诉戴明章说:"他叫雷锋!"

戴明章看雷锋当兵的心情如此迫切,认为他无疑是应征青年中的积极分子,是当代青年应该学习的榜样。这对一位负责接新兵任务的军务参谋来说,是极为求之不得的事情。

12月25日,戴明章把雷锋在应征入伍时的表现作为典型事例,用电话向沈阳军区工程兵司令部作了汇报。并说明,雷锋在要求参军时的言语和行为赢得了周围人的称赞,感染了广大的应征青年。

当天,戴明章在日记里写下了当时的感受:"今天,在正常工作之外,将这一时期征集工作的情况进行了汇总,并用电话向沈阳工程兵司令部作了一次口头汇报。在汇报中,对于刘二堡地方干部对征兵工作的重视;对在小屯体检站看到的像雷锋那样应征入伍的积极热情以及体检组医务人员的认真负责和军地医务工作者的相互密切配合……都作为例子进行了如实的反映。"

说服余副政委

体检结束,雷锋因为身高、体重不达标而被刷了下来。结束体检的工友们都回去了,雷锋却不肯走,迎着逐渐暗下来的天色,找到了辽阳市兵役局。雷锋直接找到兵役局副政委兼征兵办公室主任余新元的办公室。可是办公室的门锁着。兵役局的边德英同志接待了雷锋，并告诉他余副政委到城外检查征兵工作去了。雷锋无法抑制自己激动的心情，他向边德英反复表达了要参军、要保卫祖国的决心。

边德英看雷锋迟迟没有要离开的意思，只好说："这事得领导决定，你跟我说也没用。"

傍晚，迎着点点星光，雷锋说了句"我明天再来"，这才离开。

第二天一大早，雷锋再次来到兵役局。

上班时间还没有到，雷锋在院子里打转。这时，一个高个子军官走了进来，身着中校军装。聪明的雷锋一眼就看出这肯定是个说了算的首长。于是，他追过去拉着高个子军官的手问道："你是这儿负什么责的首长？"这个高个子军官正是兵役局副政委余新元。余副政委问道："你是哪儿的？""弓长岭的。我叫雷锋，要报名当兵。"余副政委听雷锋谈了事情的经过后说："中央军委对参军的身体标准有明确规定，身高要在 1.60 米以上，体重要在 55 公斤以上。根据你的身体状况，肯定达不到标准，因此是不行的。"雷锋说："身体达不到标准，这是旧社会造成的，我也没有办法。不过任何事情都不能动摇我参军的决心，我一定要参军。"雷锋还主动向余副政委讲述了自己对旧社会的痛恨。余副政委听罢虽然很感动，但也还是叫雷锋先回去。雷锋着急了，怎么也不愿意离开："他们说我个子小，要不我留这里帮你们做事吧。"余新元赶忙告诉雷锋："事情没那么简单。有什么事在厂里解决，别跑这里了，六十几里地呢。"余副政委虽然理解雷锋要求参军的迫切心情，但是中央军委的规定总是要遵守的，于是耐心地给雷锋做工作。可这些雷锋根本听不进去，仍不断地反复表达自己要参军的强烈愿望。

雷锋不停地"纠缠"，使余副政委无法处理其他事情。他见雷锋听不进去自己的劝说，心中渐生反感，但又不好直接流露出来。于是，他改变策略，劝雷锋先回工厂："如果工厂不同意，也不能参军。"雷锋说："那我就明天再来。"余副政委说："如果工厂不同意你就不用再来了。"雷锋只好悻悻离开。

雷锋走后，余副政委立即打电话与弓长岭铁矿焦化厂的党总支书记李钦荣取得了联系，他对李书记说："你们厂的雷锋非要参军不可，但他身体不符合要求，我们不能接受，希望你们劝劝他。"李书记说："既然身体不合格，我们也绝不同意他参军。"

李钦荣书记之所以对余副政委说不同意雷锋参军，除了身体原因外，更主要的是舍不得让他走。雷锋到鞍钢下属厂矿工作时间不长，却曾三次被评为"先进工作者"、五次被评为标兵、十八次被评为"红旗手"，荣获"青年社会主义建设积极分子"称号，是厂里学习《毛泽东选集》的积极分子。《辽阳日报》还报道过雷锋舍己为公，带领工友们冒雨奋战，抢救7200袋水泥的事迹。不过，这次通话使余副政委对雷锋的政治觉悟、工作业绩和品德修养有了大致的了解，为后来转变态度奠定了基础。

雷锋回到工厂后，李钦荣书记找到雷锋，进行劝阻，但丝毫没有影响雷锋参军的决心。

转天一早，雷锋拎着一个小皮箱又来到了兵役局，进门就跑到余新元的办公室说："你让我当兵，我要去！你不让我当兵，我也要去！"他放下小皮箱就开始抹桌子、扫院子、打开水，到处抢活干，以少见的固执与坚决，让兵役局的同志不得不重视他。兵役局的同志让雷锋弄得无可奈何，但也照例对他进行了又一番劝阻。

傍晚时分，雷锋拎起小皮箱对余副政委说："你不同意我当兵，我就跟你回家。我非要当兵不可！"余副政委看雷锋无处吃饭和住宿，只好把他带回家。

雷锋是一个很勤快的小青年。扫地、打水、擦玻璃、生炉子……他很快博得了余副政委爱人田儒文的喜欢。余副政委的两个女儿和三个儿子都说雷锋是个好青年，大家在一起相处得像一家人一样愉快。抛开参军之事不谈，余副政委也承认雷锋是个讨人喜欢的好孩子。

吃完晚饭，雷锋打开了他的小皮箱，余副政委发现里面有一件皮夹克、一条料子裤子，还有《毛泽东选集》第一、二、三卷。余副政委拿起三本书一翻，非常吃惊：里面重点文章的重要语句都加了着重线，旁边空白处还写了一些学习体会。余副政委翻阅着这些体会，露出了吃惊的表情：以雷锋的年纪，如此注重政治学习，积极要求进步，实在难得。雷锋趁机给余新元背诵了几篇《毛泽东选集》里的文章。

接下来，余副政委和雷锋交流起了学习《毛泽东选集》的体会。雷锋一边和余副政委交流，一边讲自己的身体条件不合格是因为旧社会受苦造成的，现在不能当兵只能算在旧社会受苦的账上；又说自己参军不是为了出名，不是为了个人利益，而是为了保卫国家和人民的利益；参军是按照毛主席的教导来做的，人民最需要的地方就是自己要去的地方……

雷锋的这些话感动了余新元，余副政委问道："你来当兵，你家里人愿意吗？"雷锋听了这话，百感交集，哭着说："我没有家，我是个孤儿。"雷锋从祖父那一辈的经历讲起，向余副政委还原了自己的血泪家史。雷锋激动地表示如果没有解放军，就没有他。他攥着拳头说："余副政委，我一定要当兵。"

余副政委听罢，勾起了心底酸楚的记忆。在那苦难的岁月里，余新元也有着相似的经历。他的老家在甘肃，他原本有三个妹妹，其中两个送了人，剩下的那一个被活活饿死了。他的母亲为了不被土匪侮辱而投井自尽。他从13岁起就给地主做工，一直遭受着非人的待遇。直到1936年10月，中央红军和红四方面军在他的家乡会师，目睹了这支队伍的清廉干净和训练有素，余新元立刻决定加入红军。想到这些，余新元不免动容，他决定给雷锋争取一次复检的机会。也就是从那个晚上开始，余副政委的想法开始改变：雷锋这样一个出身好、政治上成熟的青年，如果能够迈入部队这个革命大熔炉，一定能成长为一名优秀的军人。于是，余副政委的态度来了个180度的大转弯，他开始全力支持、帮助雷锋实现参军的愿望。

余副政委连续几次与兵役局的其他同志进行协商讨论，统一意见。鉴于雷锋多次获得过荣誉称号，又是学习《毛泽东选集》

的积极分子，同时家庭出身清白，而且工作后开过拖拉机和推土机，符合工程兵的征召要求，再加上他本人要求参军的愿望非常强烈，最后大家统一了认识，决定为雷锋争取一下。

当时，单凭雷锋的身体条件，仅以兵役局的名义与接兵部队协商，讲起话来缺乏力度，成功的可能性较小。于是余副政委决定争取辽阳市委书记曹琦的支持。毕竟按照当时的管理体制，向部队输送每一个新兵，都必须经过中共辽阳市委的批准。

市委书记曹琦是个工作特别认真、极讲原则的领导。

余副政委第一次向曹书记汇报雷锋参军的事情，是在汇报整个征兵工作时顺便提了一下，余副政委想先摸摸曹书记的态度。曹书记听后说："年轻人想参军是好事，是政治上要求进步的表现。但是身体不合格不行，你们再劝劝他。"

余副政委第二次向曹书记汇报雷锋参军的事，曹书记的态度与第一次差不多，但是对雷锋积极要求进步的思想境界给予了高度肯定。

余副政委第三次向曹书记汇报雷锋参军的事，把雷锋的家庭背景、工作状况、政治表现，尤其是学习《毛泽东选集》的情况以及雷锋在自己（余副政委）家里和兵役局的表现作了详细介绍。

曹琦书记听后感叹道："雷锋是一个好青年，政治条件好。个头矮一横指，他还能长嘛。什么叫合格？我理解，合格是包括身体合格、政治合格在内的全面合格。"于是，曹书记指示先给雷锋做一下全面体检，看看距离部队要求差多少，然后再与部队接兵的同志沟通一下。

有了市委书记曹琦同志的支持，余新元找到了体检站的同志商量："我们的职责就是要把好青年送到部队上去，像雷锋这样的好工人，对党有感情，热爱解放军……将来要是到了部队也一定是个好兵。我是 1936 年入伍的红军，那个时候红军中小个子很多，就是中央军委来检查，我也是这个态度，出了问题撤我的职，与你们无关。"

"便衣通信员"

余新元副政委直接找到了新兵营教导员李恒基，李教导员表示不能降低征兵标准。余副政委没有办法，又找到军务参谋戴明章商量如何能通过体检的问题，戴明章表示体检表上的硬标准不合格，没有办法处理。

接着，余副政委找到雷锋的主检医生吴春泽，吴医生不肯签体检表，担心这样会犯错误。

在束手无策的情况下，余副政委考虑到有市委曹书记的支持，便决定派雷锋先去新兵营当"便衣通信员"，以给他创造一些直接接触新兵营首长的机会。

1960 年 1 月 2 日早晨，雷锋作为预备队成员，乘上"解放"牌大汽车前往辽阳市南林子工农干校新兵集结地，接受新兵复查。

上午 10 时左右，来自弓长岭矿的体检合格青年在大门外下了汽车，整齐地列队等候安排。弓长岭矿初检合格的应征青年共分配到新兵营21人，排成了两路纵队。成为预备队员的雷锋走在最前头，并单人成行。雷锋上身穿一件夹克，下身着一条合体的裤子，脚穿一双黑色高帮皮鞋，右手还提着一个小皮箱。特别是他头戴一顶黑皮火车头式的棉帽，额前露出一绺刘海，显得稚嫩又天真，既惹人注目，又讨人喜爱。尤其是雷锋左肩右胁系着大红绸子，胸前挂着一朵大大的红花，更显出雷锋的光彩照人。

雷锋和戴明章、伍哲明由于在小屯体检站时已经有过接触，所以这次相见，三人默契地会心一笑。

此时，各人民公社的社员们敲锣打鼓、穿红挂绿地前来欢送应征青年。一时间，南林子这块本来僻静的地方顿时热闹起来。

应征青年的二次体检用了整整一上午的时间才结束。当时，他们的父母、兄弟姐妹、亲戚朋友来了不少，院里院外和干校的楼上楼下、楼梯走廊，到处都是人，而且声音嘈杂。工作中，接兵人员觉得有些忙乱，一再告诉大家要安静。但任凭他们喊破了喉咙，也没有人理会，可见，当时的人们对即将走入军营的青年是很拥戴的。

体检合格的青年陆续地穿上了新军装。但仍有一部分人，或因身体条件是基本合格，或因政审方面还缺少必要的手续，而被编入预备队，列为复查的对象。雷锋就是他们中的一员，在未做最后确定之前，是不能穿上新军装的。抱着一线希望的雷锋，紧紧跟着兵役局的余副政委，生怕落下半步就会丢掉参军入伍的机会。

当天下午，军务参谋戴明章正在聚精会神地忙着核对新兵名册、清理入伍新兵的各项手续及档案，兵役局的余副政委拉着雷锋突然闯进屋里。余副政委对戴明章说："戴参谋，你正忙哪，我给你送来一个小便衣通信员。这个小雷锋老是跟着我不放，非要闹着当兵不可。你看怎么办？我看你先收下，完了再说……"就这样，余副政委不由分说地把雷锋交给了戴明章，转身就走。

余副政委走后，戴参谋看了一眼雷锋，只见雷锋用一种期盼的眼神望着自己。这种眼神是如此纯粹，如同一汪清澈的湖水，仿佛在说话：希望戴参谋能够理解他、支持他，尽力帮助他穿上军装、当上兵。戴明章能够读懂雷锋的眼神，因为在小屯体检站时，雷锋已向戴参谋表达了要求当兵的急切心情。此时此刻，这个比任何一个应征青年都渴望当兵的人，就站在他的眼前，可雷锋的体检结果尚未达标，这令戴参谋左右为难。

就这样，双方沉默了一会儿。还是雷锋机灵，首先开口说："戴参谋，已经开晚饭了，走，咱们'吃'饭去吧，我给您拿碗。"他用还没有完全改变的湖南口音把"吃"说成"喫"。好在戴参谋曾在长沙工程兵学校学习工作过四年，比较熟悉湖南的口音，不然怕是理解雷锋的这句话都有困难。于是，雷锋和戴参谋一起向食堂走去。

在前往食堂的路上，雷锋紧紧跟在戴参谋身后，还时不时地央求道："戴参谋，这回您可以确定我当兵了吧？余政委叫我给您当便衣通信员，若是您一让我换上军装不就是部队的正式通信员了吗？对吧？我行，我当过通信员，还在家乡的县委当过勤务员哩……"戴明章看了他一眼，没有作声。雷锋天真活泼地用两眼不停地盯着戴参谋，表情中充满了自信。他虽然再也没往下说什么，但从他的神情中，戴明章似乎感觉雷锋心里正在想："反正余政委把我交给您了，怎么的您也得让我当上兵！"

吃过晚饭，戴参谋和雷锋在一起往回走的路上，遇到了检查完新兵营工作的荆悟先营长和李恒基教导员。戴参谋向两位首长简短地汇报了晚饭前余副政委送来雷锋当便衣通信员的情况。

李教导员是个好说好笑、比较活跃的领导，他看着身旁与自己并肩而行的雷锋，用地道的山西口音说了一句："这个娃儿还怪机灵的哩！"并问雷锋："你为啥要当兵哪？"这一下打开了雷锋的话匣子，他滔滔不绝地讲了一番他的家庭如何受尽了旧社会的苦难，是共产党解放了他的家乡，他才有今天这样幸福的生活，他参军就是为了打倒帝国主义，给阶级弟兄报仇，为人类解放而献身……

就在大家听得起劲时，雷锋巧妙地急转了话题："营长、教导员、戴参谋，你们不知道吧？我为了要当兵，连什么东西都不要了。厂里的李书记不愿让我走，我带上所有'家当'找到辽阳市兵役局。讲给你们听吧，余政委的家我都去找过，反正我就是一心要当兵。连老政委的家属都很支持我当兵，可惜她说了不算。"

说完这句话，雷锋"嘿嘿"一笑，接着又说："不然余政委能让我给你们当便衣通信员吗？现在我知道了，你们三位就是接新兵中说了算的首长，你们就批准我当兵吧，行不？"

雷锋的话像连珠炮似的，让别人没法插进去，逗得他们三个人笑声不断。后来，荆营长用半试探半开玩笑的口吻说："我们都不同意接你当兵，那怎么办？"

雷锋骤然紧张起来，信以为真地急忙说："你们不接，我自己去，你们带新兵回部队，我就跟到部队去。"他的话，是那样的单纯和天真。

新兵营营部设在工农干校一楼的一个教室里，大家都住在临时用学生书桌拼凑起来的"床"上。

当天深夜，新兵营首长们开完会，拖着疲惫的身子往回走。李恒基教导员和戴明章参谋一进屋，便发现在几个人的临时睡铺前，都摆着一盆冒着热气的水。正在他们为之惊诧之时，雷锋冲着他们说："首长，你们辛苦了，请洗脸、烫脚吧！"

顿时，几位领导面面相觑，相对无语，心里感到一阵温暖和感动，同时也对雷锋有了一种好感。

见习参谋龚耀明用他那贵州普通话，首先开腔说了一句："嘿，雷锋这个小鬼真行啊！还是个挺勤快的小通信员哩。"

当晚，雷锋躺在戴明章参谋身边睡着了。

雷锋当便衣通信员的第一天虽然做了一件微不足道的平常小事，但他的这一举动却让戴明章久久难以入睡。他心想，躺在自己身边的这位有志青年，为什么当兵的心情是这样的迫切，为什么小小的年纪却在日常生活方面总是想着他人？

戴明章想着想着才意识到：从雷锋为几位领导打洗脸水的事儿，可以看出他并不单单是为了我们这几个人，实际上他是在用一颗赤诚的心，表达对人民军队的一份爱啊！

1960年1月3日清晨，几位领导刚刚睁开眼睛，就发现床边的洗脸盆里已经盛着热水，一条条毛巾被折成双叠，搭放在脸盆的边沿上，旁边的杯子里装好了刷牙用的温水，杯沿上横放着牙刷，牙膏已经整齐地挤在刷毛上。

面对此情此景，几位领导再次被感动。

也就在这一天，雷锋看到体检全部合格的新兵们穿上了崭新的军装，一个个有说有笑，他的心里非常着急。他看到余副政委来到新兵集结点，立即迎上前去，恳求余副政委跟新兵营的首长为他讲情。

余副政委找到新兵营首长，逐个询问雷锋昨天的表现怎么样，首长满不满意？当他得知雷锋的表现让新兵营首长非常满意时，高兴地找到雷锋说："你就在首长身边好好表现吧！"雷锋听后高兴地说："余政委，请您放心，我一定努力做得更好！"说罢，他把一张上了色的4寸站立姿势竖版照片送给了余副政委，后面还写上了赠言："敬爱的余政委留念。雷锋，60年元月3日。"

当兵役局的同志开始筹备新兵的被服时，雷锋主动过去帮忙，与大家一起把全部被服预分完毕。

转眼间，几天过去了。荆悟先营长和李恒基教导员不断地去各新兵连了解和掌握情况。戴明章则负责新兵复查工作。雷锋每天都形影不离地跟在戴参谋身边，完成他临时交办的一些工作。晚上，由于两个人睡觉时紧挨着，雷锋还时刻不忘利用这个机会做戴参谋的工作，以期能够实现自己当兵的梦想。

眼看着复查过关的其他青年也陆续穿上军装，雷锋实在等不及了。他来到荆营长办公室，声泪俱下地向荆营长表达自己要当兵的决心。荆营长的心被他深深地打动了。他认为雷锋苦大仇深，阶级成分好，可以考虑破格征召。此前，军医伍哲明已把雷锋身高和体重不合格的情况向荆营长作过汇报。

在南林子工农干校新兵集结地的几天里，雷锋这个便衣通信员始终和新兵营的首长们朝夕相伴。新兵营里自从有了雷锋，整理内务（指叠被褥、整理床铺等）、打扫室内及走廊卫生等一系列工作，全被承包了下来。雷锋整天里里外外、无怨无悔地忙碌着。

雷锋当了便衣通信员，由于其表现优秀，工作成绩突出，博得了大家的好感，几位首长都夸奖他是一个称职的"便衣通信员"！

破格被征召

在辽阳市南林子工农干校新兵集结地，余新元副政委按照辽阳市委书记曹琦的指示，安排专人领着雷锋进行了全面体检。体检结果表明，雷锋除身高和体重不合格外，还患有严重的副鼻窦炎，身上另有多处伤疤。

当时，参军体检合格的身体情况分为甲、乙、丙、丁四个等级，可雷锋的身体条件连丁级都达不到。拿着这样的体检结果去与接兵部队协商显然没有希望，也无法向上级报送。于是余副政委出面找体检组的组长、辽阳市第二人民医院的吴院长。吴院长也是一个非常认真的人，根本不同意修改体检结论。负责给雷锋体检的内科、外科、耳鼻喉科医生也都不答应余副政委的要求，而雷锋的体检结果最低必须达到合格中的丁级才有可能参军（当时本着优中选优的原则，参军战士的身体状况多为甲、乙级，丙级的较少，丁级的基本没有）。

后来，余副政委又找吴院长做了两次工作，也没有结果。最后，曹书记代表市委明确表态支持雷锋参军。当余副政委第四次找到吴院长协商时，吴院长不得不"配合工作"。在吴院长的帮助下，雷锋的体检结果终于变成了"丁级"。

这是余新元副政委想的一个权宜之计，他在"甲、乙、丙、丁"几类表中，选择给雷锋填"丁"类表，是因为每100个兵里有5个预备数，如有人到部队里复检不合格，地方上还有回旋的余地，可以再补几个。就这样，雷锋终于获得了一个宝贵的候补名额。

接着，余新元副政委把雷锋作为候补名额处理的情况向辽阳市委书记曹琦作了汇报。曹书记强调说："政治条件比身体条件更重要，雷锋是个难得的好青年，人民解放军需要这样的接班人。雷锋是个孤儿，从小吃穿都非常困难，哪能不瘦不矮呢？到部队后，生活条件好了，他的身高、体重还会增加的。你们再与部队的首长沟通一下，就说我请他们特殊考虑一下雷锋。"随后，余副政委把曹书记的意见向新兵营首长作了说明。

当天，荆悟先营长把军务参谋戴明章和军医伍哲明找到办公室，让伍哲明把雷锋体检的情况作个全面汇报。荆营长表示根据辽阳市委曹书记和市兵役局余副政委的意见，要请示团首长，建议破格征召雷锋入伍。戴明章和伍哲明当场表示同意这个建议。

随后，戴明章按照荆营长的意见与驻营口工兵第十团团长吴海山用军用长途电话进行了沟通。吴团长对戴明章说："你们看着办吧。既然曹书记和兵役局的领导都积极推荐雷锋，他政治上又特别过硬，身体差些也可以。"

当雷锋听到这个消息后，高兴得跳了起来，口中还不停地念叨着："我就要成为解放军战士喽！"

可是，雷锋此时高兴得太早了，入伍一事又遇波折。原来，雷锋所在矿里的保卫部门不给其出具政审表。征兵是要经过严格政审的，手续十分严格，缺一样都不能入伍。

雷锋的单位表示，他们在对雷锋政审时，发现雷锋从鞍钢过来时没有原始档案，档案里只有一份职工登记表和一份入团志愿书。还说，为了慎重起见，鞍钢已给雷锋的家乡望城县安庆乡发了函调，由于路途遥远一时没有收到回函，无法继续政审。

档案，对于调动、升迁、考核都起着非常重要的作用。

新兵营首长经与兵役局研究，决定对雷锋按特殊情况处理：先参军后政审。

1960年1月7日傍晚，戴明章通过军用长途电话与营口驻地再次通了话，他向团长吴海山直接报告说：雷锋虽然没有政审表，但却是个优秀青年，能否先带到部队？吴团长在电话里果断

雷锋的入伍通知书

地回答说:"一切由你们看着决定吧!"就这样,戴明章向荆营长、李教导员通报了与团首长通话的情况,然后在新兵名册上填上了雷锋的名字,并最后向市兵役局递交了新兵名册。

深夜,新兵营的首长们因工作忙碌而未得安睡,而雷锋则在新兵即将出发前的 8 个小时,才被通知换上新军装。就这样,雷锋被破格征召入伍。

当雷锋听到这个消息后,高兴得在征兵办公室里高喊:"我是中国人民解放军喽!我是中国人民解放军喽!"

1960 年 1 月 8 日早晨,雷锋如愿以偿地穿上了崭新的军装。正是在这一天,光荣入伍的雷锋来到驻地营口。军装穿在他身上

身着军装的雷锋

1960年1月8日，雷锋参军入伍到营口的当天晚上写下了日记。他在落款处写道："写于营口市第一营"

显得又肥又大，很不协调。他对着镜子，左一个军礼，右一个军礼，乐得手舞足蹈、合不拢嘴。

雷锋参军入伍到营口的当天晚上写下了日记。他还在落款处写下了："写于营口市第一营"。

从此，营口人民与伟大的共产主义战士——雷锋结下了不解之缘！

第 二 章

系好进入军营的第一粒扣子

代表新兵发言

1960 年 1 月 8 日上午，新兵们在辽阳市南林子工农干校新兵集结地集合。雷锋精神饱满地站在队伍中。

新兵自南林子向辽阳火车站进发，沿途近 2000 米的街道两旁，站满了辽阳市党政军的各级领导、各团体代表、新兵原单位干部职工和社会各界群众代表，还有新兵的亲人和朋友……

雷锋没有家属为他送行，但非常喜爱雷锋的辽阳市兵役局副政委余新元和爱人田儒文来为他送行了。余新元的爱人特地按照当地的习俗煮了 20 个鸡蛋带给雷锋，还为他带来了备用的生活用品。她一边往雷锋的包里装着吃的、用的，一边依依不舍地嘱咐着雷锋："到了部队要好好学习，要依靠首长和战友，好好锻炼，做一个好战士。"余副政委的爱人田儒文的形象像极了慈爱的母亲，雷锋心里涌起一阵暖流。雷锋向余副政委和田儒文庄重地表示："我万分感谢党，我一定要当一个毛主席的好战士！"余副政委握着雷锋的手说："我们等候你的好消息!"

从 1960 年起，雷锋就与余新元一家人结下了亲人般的情谊，这种感情一直延续到了他们生命的尽头。

余新元副政委在其后来的回忆文章中记载："雷锋临走时对我说：'余叔叔，我要走了，我也没什么送你的，我就叫你一声爸爸吧。'我说：'别，这样不好……'1962 年 8 月 15 日，雷锋因公牺牲了。我是三天后才从报纸上看到的，我回家告诉老伴：坏了，咱们的孩子走了。我们老两口抱头痛哭……"

晚年的余新元还曾表示："现在雷锋已经走了很多年了，但我总是能梦见他。我总能看见那个战士迈着大步甩着两臂朝我走

余新元后来将雷锋当年送给自己的站立像和赠言悉心地装裱了起来。图为晚年的余新元手持雷锋送给自己的唯一一份"纪念品"的照片

来，他一遍遍地告诉我说他还在当兵，他说他当兵挺好，一切挺好。每次我到抚顺去，都要给他献个花篮放在他的墓上，表达我这个老年人对他的爱。"

前来为新战士送行的群众载歌载舞，有如欢庆节日一般……

12 点 30 分，新战士们在一片热烈的欢送气氛中登上火车。当火车发出一声响亮的汽笛声后，徐徐地驶离了辽阳火车站。倒数第二节车厢是指挥车，这里除了坐着新兵营的首长外，还坐着一部分新兵。火车刚刚开出辽阳站不久，车厢内的气氛就开始沉闷起来，除了能听到个别新兵因与家人、亲友惜别而发出微弱的叹息声之外，车厢内只能听到火车车轮在轨道上滚动的声音。新兵们因为初离家乡和亲人分别，难免会百感交集。

就在这个时候，将一切都看在眼里的雷锋却挨个座位地去和新兵们唠起了家常，为了调节沉闷的气氛，他竟组织新兵们唱起歌来。新兵们在他的指挥下，唱起了《没有共产党就没有新中国》和《社会主义好》。这歌声是那样的嘹亮和振奋人心，一下子把整个车厢的气氛带动起来了。

新兵营首长看到眼前的情景，不由得赞叹：这个小个子新兵，可真是个好样的。

过了一会儿，雷锋又把余副政委的爱人带给自己的 20 个鸡蛋分给一些新战友……有的战友不要，雷锋就硬塞给他们。

新兵营的首长们由于连续几天都未能得到很好的休息，有的开始在火车上打起盹儿来。雷锋看到首长们困倦的样子后，悄悄地到另一节车厢里找到列车长，请求列车长能够将新兵营首长安排到卧铺车厢里休息。

列车长同意了雷锋的请求。雷锋立即给列车长敬了一个军礼，然后返回车厢请首长们到卧铺车厢休息。

雷锋的这一举动，让新兵营的首长们十分惊讶：刚刚穿上军装的新兵蛋子竟迅速成长为一名训练有素、非常机敏的小通信员。

这时，荆营长正在考虑新兵到营口后让哪一位战士在团里召开的欢迎新兵大会上代表新兵发言的问题，突然感觉雷锋应该是再合适不过的人选了。于是，他告诉雷锋下车前要做好代表新兵发言的准备。雷锋听后立即回答："是，营长，我保证完成任务。"

代表新兵发言，这是雷锋入伍后接受的第一项任务。接受任务后，他找了一个位置坐下来，从皮箱中掏出纸和笔，一边思考，一边写了起来……

下午3点30分，火车缓缓地驶入营口火车站。团长吴海山、政委韩万金、副团长吉玉贵、副团长兼参谋长李俊荣、政治处主任张国民等首长和团机关的干部都等候在站台上。戴明章第一个从火车上走下来，向前来迎接的团长吴海山、政委韩万金等首长敬军礼，同时按军队《内务条令》要求向两位首长作了报告："团长、政委同志，新兵专列已安全到达，沿途未发生任何事故，报告完毕。请指示！"这时，荆营长和李教导员也相继走下火车。吴团长非常亲切地一边同大家握手，一边说："同志们辛苦了！"这时，戴明章趁政委及其他首长同接兵军官寒暄的时机，对吴团长说："团长，我在接兵上犯了一个错误……"还没等戴参谋把话说完，吴团长当即打断了他的话："什么事？""我接了一个没有政审表的兵——叫雷锋。"吴团长听完松了一口气："不就是你昨天傍晚打电话向我报告的那件事吗？不要紧，我知道了，我负责。"吴团长主动承担了责任。

各车厢里的新兵有秩序地走下火车。在站台上，各新兵连领导开始整理队伍，准备把队伍整齐地带出站台。

这时，新兵营营长荆悟先把雷锋介绍给吴海山团长："报告团长，这位小同志就是新兵代表。"

"你叫什么名字？"吴海山团长问道。

"雷锋。"

雷锋是湖南口音，把"锋"说成"哼"，加上车站十分嘈杂，吴团长一时没听清，又大声问了一句："叫什么？"

"雷锋——打雷的雷，冲锋的锋。"

"好响亮的名字啊！"吴团长点了点头。

吴团长亲切地拍着雷锋的肩膀说："一会儿召开欢迎新战友大会，要请你这位新战士代表讲话，有准备吗？"

雷锋"啪"地一个立正："报告首长，有准备！"

"好，不愧叫雷锋。"吴团长点头称赞道。

当新兵们排着整齐的队伍，列队从火车站台走出来的时候，广场上的老兵们立即打起锣鼓，热烈欢迎新战士步入军营。老兵们看到一个个朝气蓬勃、生龙活虎的新兵，锣鼓敲得更欢了。

欢迎新战友大会是在部队操场上举行的。团政治处主任张国民首先致欢迎词，接下来是团长吴海山讲话。然后是老战士代表任佐芝发言。最后主持会议的张国民主任高声宣布："请新兵代表雷锋同志讲话！"

雷锋不慌不忙地走上主席台，在上千双眼睛的注视下，昂首挺胸地站在话筒前。只见他不慌不忙地掏出讲稿，站在话筒前准备讲话。站在一旁的团政治处俱乐部主任陈广生突然发现，由于刚才讲话的首长和老兵代表个子都比较高，当小个子的雷锋站在话筒前时，话筒比雷锋的嘴高出许多，他急步上前将话筒调低了一些。

这时，一阵寒风刮来，雷锋手里的讲话稿被吹得起了卷。由于雷锋没有戴手套，手指冻僵加上风不断吹来，使他怎么也理不好稿纸。雷锋索性把稿纸收起塞进裤兜里，亮开嗓门，即兴讲了起来：

> 首先，让我代表新战士讲话。
>
> 我们这些新战士，能在 60 年代刚刚开始的日子，穿上军装，扛起枪，都有说不出的高兴。我们当中有工人、有社员，也有学生，来自四面八方。可我们只有一个心眼：学好本领，保卫祖国，当个像样的兵，做毛主席的好战士。（掌声）
>
> 刚才，团首长讲人人争当"五好"战士。依我说，有在座的领导，有老同志的帮助，莫说"五好"，有个"十好""八好"的，也保证当上……（笑声）

大家笑什么呀！我讲的全是实话。（笑声）

雷锋转身向团首长敬礼，全场响起了一阵热烈的掌声。

战士争创"五好"是当时基层连队开展的一项活动。评比标准只有五条，哪儿来的什么"十好""八好"？雷锋虽然讲了一句"外行话"，倒也反映出了他作为新战士力争上游的决心和胆识。大家听罢都笑了，雷锋却说："大家笑什么呀！我讲的全是实话。反正，我们就是一个心眼，为了保卫祖国，一定要当个像样的兵，决不辜负首长和大家的期望！"

几位团领导目送着雷锋走回队列的身影，都说这个新兵值得培养，有股子闯劲、干劲。

于是，到部队的第一天，雷锋就成了重点培养对象。

感受战友情

欢迎大会结束后，技术营副营长阜右东和参谋徐仁祁、营部书记张时扬等技术营的官兵代表，带着新兵排的30多位新战士前往营房。在新兵排中，雷锋特别引人注目。一是因为他个子小，走在队伍的最后面；二是他穿的新军装显得又肥又大，在他身上像个口袋一样；三是他手里还提着小个皮箱，有些与众不同。此时的雷锋，脸上洋溢着幸福的笑容，昂首挺胸，意气风发。

正当新战士们聚精会神地向前行进时，突然前面响起了一阵热烈的锣鼓声。顿时，"热烈欢迎新战友"的口号声此起彼伏，场面显得特别热烈。技术营的官兵们手里摇晃着用红纸糊成的小旗，列队站在道路两旁，而且从营房一直排到营区大门外30多米远。

技术营营长王柱根、教导员张景贤、副教导员姜洪贵等营领导快步走向新兵队伍。营领导们同新兵们一一握手，嘴里不断重复着："欢迎！欢迎！"当王营长、张教导员与最后走过来的雷锋握手时，雷锋激动地答道："首长好！"

随后，伴随着锣鼓和口号声，全营官兵把30多位新战友迎进位于营口市劳动街辽河边的一幢红砖砌成的营部小礼堂里。小礼堂是技术营临时腾出来为新兵做宿舍用的。

新战士们进入小礼堂后，看见室内的床铺已经被叠得整整齐齐，老兵们把洗脸用的热水都已打好，火炉被烧得通红，火墙散发出暖烘烘的热气，直往脸上扑，心里都有一种说不出来的温暖。

指导员、连长、排长、班长一齐动手，帮助新兵们归置行装和随身物品。雷锋放眼一看，墙上的挂钉线整整齐齐，炕上的草垫子平平展展，搭放毛巾的铁丝紧紧绷绷。不大一会儿工夫，新兵的褥单被一一抹平，被子被叠成"豆腐块"，衣、帽、鞋、挎包、脸盆、牙缸各就各位。其他暂时不用的东西被统统打包，写上姓名，一律存入储藏室。

转眼之间，雷锋和新战友满眼是直线、直角，上下左右显得井井有条，让人一举手、一投足、一站一坐也不得不小心一点儿。

为了不破坏眼前这整齐的美景，雷锋把随身带来的、与自己形影不离的皮箱送进了储藏室。以前在工厂宿舍，这只皮箱一直放在他的床铺底下。现在当兵了，一切要按照部队的规矩行事，啥也不能随随便便。因为雷锋懂得：军人要以服从命令为天职。

当晚，雷锋在日记里郑重地记下了1月8日这个值得纪念的一天，他写道：

这天是我永远不能忘记的日子，这天是我最大的荣幸和光荣的日子。我走上了新的战斗岗位，穿上了黄军服，光荣地参加了中国人民解放军。我好几年来的愿望在今天已实现了，真感到万分的高兴和喜悦，这是我一生最大的幸福。

我在党的正确领导下，在革命的大家庭里，我一定要好好地锻炼自己，在入伍的这一天，我提出如下保证：

1.听党的话，服从命令听指挥，党指向哪里，我就冲向哪里。

2.加强政治学习，多看报纸和政治书籍，按时参加部队各种会议和学习，积极宣传党的政策，密切靠近组织，及时向组织反映各种情况，不断提高自己的政治思想觉悟。

3.尊敬领导，团结同志，互帮互爱互学习。

4.严格遵守部队一切纪律，做到虚心向老战士学习，刻苦钻研，加强军事学习，随时准备打击敌人。

5.克服一切困难，发扬长辈优良的革命传统。我要坚决做到头可断，血可流，在敌人面前决不屈服、投降。我一定要向董存瑞、黄继光、安业民等英雄的战士学习。

6.我要努力学习政治、军事、文化，我要好好地锻炼身体，我一定要在部队争取立功当英雄，我一定要做一个毛泽东时代的好战士，我要把我可爱的青春献给祖国最壮丽的事业。

以上六条是我努力的方向和我的奋斗目标。

今天我太高兴，我太激动，千言万语一下要写完是办不到的，因此写到这里告一段落。

……

我渴望已久的参加中国人民解放军的理想实现了，怎能叫我不高兴呢？我恨不得把我的心掏出来献给党才好。晚上我怎么也睡不着，我的心就像大海的浪涛一样，好久不能平静。

我，一个在旧社会受苦受罪的穷苦孤儿，居然成为一个国防军战士，得到党和首长的信任，受到战友们的热爱，我真不知说什么好……

在这个革命的大家庭里，首长胜过父母，战友亲过兄弟，这一切，只有在党领导下的人民军队里才能得到。

我一定不辜负党对我的教育和期望，我决心保持和发扬弓长岭矿全体职工的光荣,军政学习争优秀,全心全意保卫国防,成为一个优秀的国防军战士。

——《雷锋日记》1960 年 1 月 8 日

合上日记本,雷锋心满意足地躺在了炕上。此时此刻他才觉得头特别痛、特别晕,胳膊腿都酸疼得很,并感到身上冷一阵热一阵,难受得很。这时他才想到也许是自己白天在乘火车时车厢里太热,曾脱掉棉衣,下车时头上还流着汗的缘故。火车到营口后,部队立即举行了欢迎仪式,自己还代表新兵发言,一定是在这段令人激动的时间里被寒风吹着受凉了。

夜深了,雷锋翻来覆去地睡不着觉,而且还不停地咳嗽,开始发烧了。

到了下半夜,正当雷锋半睡半醒时,就觉得眼前有一束手电光一晃一晃的。

哦,原来是领导来查铺了。

雷锋想,我不能因为这点小病让领导费心。于是,他悄悄地把被子拉起蒙过头顶,假装睡觉。不一会儿,他感觉被头被人轻轻掀开,额头前有一只大手轻轻地按在上面。他微微地睁开眼,看见荆营长的脸,他在为自己盖了盖被子后,走出了营房。

荆营长感觉雷锋的额头摸起来有些发烫,于是把营卫生所的军医叫来。军医打开随身携带的药箱,当场开方子拿药,并交代雷锋服药方法、剂量等注意事项。

　　荆营长把军医送出门，转身回到屋里，提起暖壶倒了杯热水，端给雷锋让他服下药，然后又脱下自己的大衣盖在了雷锋的被子上。新兵班班长也起来了，打来一盆水，把毛巾放到水里投了一把，一边拧着，一边给雷锋敷在头上降温。

　　"有病可不能硬挺着啊！"荆悟先营长临走时又嘱咐一遍，"好好睡一觉，出身热汗就会好的！"

　　部队真是一个大家庭，而这个新家的温暖让雷锋忍不住鼻子一酸流下了眼泪。

　　1月9日清晨，起床号声一响，雷锋猛然醒来，感觉头不怎么痛了，浑身上下也轻松了不少。他刚要翻身起床，就听到耳边传来一声："躺下！老实给我躺下。"他扭过脸一看，原来是班长站在他的床前。

　　班长放缓口气说，昨晚营长说了，班里的新兵若有个三长两短的，唯他是问。

　　开早饭的时候，班长从伙房里端来一碗热气腾腾的面条，并说这是荆营长特意让炊事班做的病号饭，叫雷锋趁热吃。

　　雷锋手里端着这碗热面条，心中涌起一股暖流。

　　班长盯着雷锋把面条吃完，才端着空碗离去。

　　雷锋感叹：多么好的领导啊！

　　战友们都出操去了，整个新兵连宿舍里静悄悄的，雷锋只能听到炉火燃烧的"呼呼"声和煤块爆裂的"噼啪"声。他躺在热被窝里，融融的暖意从心底泛起，迅速浸透了周身的每一个细胞。

他凝望着窗户玻璃上凝结的美丽冰花，久远的、朦胧的记忆悄然被打开：儿时母亲的怀抱也是这般温暖啊！他不禁心头一阵颤抖，自己这个旧社会中被嫌弃的孤儿竟然成了新社会的"香饽饽"，真好……真好……

雷锋病愈以后，他写下了《温暖如家》一文并寄回了鞍钢，这篇文章被发表在了《辽阳日报》上。文中，他写道："我深深体会到，只有党才永远这样关怀和爱抚我们青年一代。"

首堂政治课

新兵们做完早操后，雷锋感觉头和身体都不发热了，便坚持参加了团里组织的新兵教育活动。

首先，新兵营的战友们被集合在团政治处俱乐部里。团政治处主任给大家上了第一堂政治课。他说，你们参加了中国人民解放军，担负着保卫祖国的神圣职责，你们要好好学习政治和现代军事科学技术，要熟练使用手中武器，时刻提高警惕，随时准备消灭胆敢侵略我国的敌人……

接着，新兵们参观了团荣誉室。荣誉室里，奖旗一面挨着一面，挂满了四周的墙面。雷锋一一仔细端详，有的绣着"名扬川西"，有的绣着"功在黔东南"，有的绣着"万难莫挡英雄连"，奖旗有的经过战争年代的炮火硝烟，原来绣的字早已残缺不全、难以辨认了，但这战火中燃烧过、挣扎过、拼搏过的痕迹，更让雷锋肃然起敬。

吴海山团长讲解着这一面面奖旗的历史，特别强调了我军官兵的光荣传统。他说：解放战争期间，我们团转战山西、四川、贵州、河南等地，干部和战士同吃一锅饭，同住一铺炕，同在一条战壕里奋勇杀敌。行军中，团首长把马让给伤病员骑，连长、指导员抢着替战士背背包、扛枪、抬伤号；宿营时，干部给战士打洗脚水，用针挑血疱，夜间查铺查哨，给睡熟的战士掖被角。环境越艰苦，越是同生死共患难，一口水，一把炒面，都是你推我让。官兵们首先想到的是他人，是战友，总是把危险和困难留给自己。正是因为上下同心同德，全团官兵才能攥成一个铁拳头，砸到哪里，就把哪里的敌人砸垮、砸烂！

战争年代革命军人英勇顽强、不怕牺牲的英雄事迹，使雷锋深受感动，他决心向革命前辈学习，争取早日成为一名合格的人民解放军战士。

课后，团里给新战士放映了电影《董存瑞》。当雷锋看到战斗英雄董存瑞英勇炸碉堡的时候，感动不已。雷锋被董存瑞舍身炸碉堡的行为深深地感染了，他暗下决心：一定要向英雄学习，在党和国家需要的时候，如果需要，自己也愿意献出宝贵的生命。

第一堂政治课给了雷锋很大的教育和鼓舞，他深深地懂得了如何继承与发扬人民军队的优良传统。

课后，雷锋找到一本《解放军画报》，随意地翻起来，他看到了画报中的战斗英雄黄继光的画像。画像上的黄继光，目视前方，表现出仇视敌人、勇往直前的英雄气概，雷锋非常喜欢。于是，他小心翼翼地从报纸上把画像剪下来，仔细地贴到了日记本上。雷锋还在画像两侧空白处竖着写道："英雄的战士黄继光，我永远向你学习。"

此后，雷锋每天写日记前，都要先看看黄继光的画像，然后在日记本上写下自己的感想。雷锋是通过学习黄继光、董存瑞等英雄成长起来的，"革命需要我去烧木炭，我就去做张思德；革命需要我去堵枪眼，我就去做黄继光"。他阅读《钢铁是怎样炼成的》，并以保尔·柯察金为自己的榜样，在拼命干工作中形成了伟大的无产阶级世界观、人生观、价值观。

雷锋日记中的黄继光画像和笔记

补政审手续

征兵政策中有两条规定是绝对不能违反的。一个是年龄限制，差一天也不准征召；另一个是政审表，公章盖不全不能征召。可雷锋却没有政审表。当时军务参谋戴明章几次同辽阳市兵役局的一位姓纪的助理员联系，对方答复说："厂里保卫部门不给出具政审表。原因是1958年雷锋进入鞍钢时没有原始档案……"

这是一个非常严肃的问题。那时，谁敢不顾政策规定，冒险去接收一个未经严格政治审查的新兵呢？

对待像雷锋这样当兵心切却应征手续不全的青年，应如何解决入伍问题？这还真让戴明章伤了不少脑筋。

经多方考虑，戴明章终于想出了一个两全其美的办法，利用他仅有的一点"职权"，即新兵被带回部队后，要进行一段时间的检疫隔离和新兵训练。在此期间，一旦发现个别新兵因身体条件或其他政治原因不适合留在部队的，可按照国防部退兵办法对新兵作退回处理。但这样退回新兵的缺编人数，上级不再给予补充。这就是说，借助于这一规定，可以把雷锋带到部队。正是基于这些考虑和打算，戴明章才敢通过军用长途电话向驻营口的团长吴海山直接报告了有关雷锋的情况，并最终得到了允许。

当时，批准雷锋参军，辽阳市兵役局余副政委是坚决支持的，但唯有雷锋所在的弓长岭矿向兵役局提出了反对意见。他们认为在政审手续不全的情况下，不应该简单地同意雷锋参军。但毕竟接兵部队和兵役局领导都已决定，而雷锋本人又坚决要求参军，对此，他们也无可奈何。

为了补办雷锋参军的政审手续和新兵中的团员补办接转组织关系，在雷锋入伍的第 5 天，即 1960 年 1 月 13 日，军务参谋戴明章特地从营口赶到辽阳。在辽阳市兵役局纪助理员的帮助下，终于把雷锋的政审手续补办齐全了。

当戴明章把手续拿到手时，兵役局的同志才说："戴参谋，弓长岭矿不出具政审表，并不是因为雷锋没有档案，而是因为焦化厂的李书记舍不得放他走。他们想通过说没有档案的这一办法，留下雷锋这个优秀青年。"戴明章听后，这才恍然大悟！

戴明章从辽阳返回营口后，终于按规定把雷锋的入伍手续办妥了。

唱支山歌给党听

"唱支山歌给党听，我把党来比母亲。母亲只生了我的身，党的光辉照我心……"在庆祝中国共产党成立 100 周年大会上，由 3000 名来自北京高校和中学的学生组成的合唱团，首先唱响的就是这首《唱支山歌给党听》。这首经典革命歌曲诞生于 1963 年，它是时代的产物，又以其对党的由衷礼赞而超越了时代。鲜为人知的是，在这首歌曲的创作与流传过程中，雷锋是一个至关重要的人物。

雷锋入伍后，亲眼看到团、营的领导下到营房来亲切地看望新兵，眼神和话语中充满了兄长般的关怀与亲人般的温暖。雷锋所在的新兵班班长对战士们更是关怀备至。

这期间，新兵班班长每天都比大家起得早，他先把火炉烧得通红，然后再叫大家起床。出完早操回来，他一进屋就操着浓重的乡音和大家打招呼："来嘛！来嘛！大家烤烤火嘛！休息一下，莫慌干，后头任务多着哩！"

雷锋看到这些深受感动，他决心在以后的日子里，努力去关心集体，关心战友。于是，他经常利用闲暇时间给大家读报，休息时还教大家唱歌。出公差勤务、搞内务卫生、办"学习专栏"。每天早晨，他比班长和值日员起得还早，不声不响地把炉灰掏净，把炉火点燃。起床号响起之前，宿舍里面已经是暖气袭人了。在雷锋的带动下，其他战士也事事抢在前头，出现了一个踊跃做好事的局面。

这真是：新兵连的炉火越烧越旺，新战士的热情越来越高。

深深被打动的雷锋找来姚筱舟（署名"蕉萍"）创作的一首诗《唱支山歌给党听》，工工整整地抄写到了自己的日记本上。

原诗如下：

　　唱支山歌给党听，我把党来比母亲；
　　母亲只能生我身，党的光辉照我心。

　　旧社会鞭子抽我身，母亲只会泪淋淋；

　　党号召我们闹革命，夺过鞭子揍敌人！

　　母亲给我一颗心，好像浮萍没有根；

　　亿万红心跟着党，乘风破浪齐跃进。

　　雷锋对这首诗进行了三处修改：原诗中的"母亲只能生我身"改成"母亲只生了我的身"；"党号召我们闹革命"改为"共产党号召我闹革命"；删除了诗中最后四句。雷锋改后的诗为：

　　唱支山歌给党听，我把党来比母亲；

　　母亲只生了我的身，党的光辉照我心。

　　旧社会鞭子抽我身，母亲只会泪淋淋；

　　共产党号召我闹革命，夺过鞭子揍敌人。

　　雷锋牺牲后，他日记里的这首诗引起了上海歌舞剧院朱践耳的注意，雷锋的事迹也深深地感动了这位音乐家。为了纪念雷锋，他决定把这首"雷锋遗诗"谱曲成歌，以便传唱。受这首诗氛围的感染，擅长交响乐创作的朱践耳，特意把这首诗谱成通俗易懂、朗朗上口的曲调。谱曲一气呵成，并附有 300 字的"唱法说明"，标题也改成了《雷锋的歌——摘自〈雷锋日记〉》。这首歌曲的首唱者是上海歌舞剧院的任桂珍，后来上海音乐学院声乐系的藏族学生才旦卓玛也唱了这首歌。

　　不久，中央人民广播电台向全国播放此歌，才旦卓玛因此一

中国人民革命军事博物馆收藏的雷锋日记

举成名。朱践耳最初谱曲的目的是为了纪念雷锋，才旦卓玛也是为了宣传雷锋而歌唱。从此，姚筱舟的一首平凡的小诗因雷锋而红遍全国。姚筱舟曾表示："我写的这首诗能成为歌词，是雷锋的功劳，雷锋摘抄时做了点石成金的修改。"

第 三 章

在部队大熔炉中成长

两次挨批评

雷锋虽然是个孤儿，但他其实从小就是个很爱美的小朋友，长大成人后又是个很注重形象的小伙子。

小学时的雷锋就很干净整洁，他在成为学校的第一批少先队员后，留下了一张参加演出后的合影。照片中的小雷锋系着红领巾，留着刘海儿，身旁放着一个大鼓。

他当工人时总爱把帽子仰着戴，故意露出额前

在鞍钢工作时的雷锋，留着时髦的倒三角刘海儿

1955 年六一儿童节，雷锋（前排右一）与师生们在长沙烈士公园合影

的刘海儿。可是部队要求战士必须剃短发，他觉得不美观，但又不敢违抗命令，只好剃去了头顶上的头发，刘海儿却舍不得剪掉。

一次，一位负责行政管理的副团长正好和雷锋走了个碰头，这位副团长毫不留情地批评他仰戴军帽的样子，说他露出头发，男不男，女不女，军容不整，让他回去立刻把刘海儿剪掉。雷锋看到领导十分严厉的样子，什么话都没敢说，立即把心爱的刘海儿剪到了符合标准的位置，然后把军帽端端正正地戴在头上。这是雷锋入伍后第一次挨批评。

雷锋爱照相也是出了名的。1960年1月28日，是大年初一。这一天全团在三营广场召开由全团官兵参加的春节团拜会。会上，团首长首先讲话，祝全体官兵春节快乐，同时鼓励大家要好好学习和工作。

团拜会结束后，部队就开始放假了。雷锋以为部队与原来工作的工厂一样，放假就可以自由外出活动了。所以他在放假外出时，既没有向首长请假，也没有和战友打招呼，而是独自一个人到营口市内的照相馆拍照去了。其中有一张题字为"奔驰在前线，60春节"。他虽然是坐在汽车模型里，但是旁边"奔驰在前

1960年春节放假期间，雷锋专门到营口的一家照相馆，坐在吉普车模型里，高兴地拍摄了一张照片，并亲手写下了"奔驰在前线，60春节"

1960年春节，雷锋摄于营口的照片

线"的字依然表达了他随时准备奔赴前线的决心和理想。

后来，雷锋外出没请假这件事被指导员知道了。雷锋回来后，指导员找到他，严肃地问："雷锋，你今天上街请假了没有？"雷锋特别难为情地说："没有！"指导员亲切地拉着他的手说："军队有严格的纪律，无论做什么都要事先请示报告，如果军队没有严格的组织纪律，就会成为一盘散沙，就不能战胜敌人。"他又告诉雷锋，革命军人应该自觉地遵守纪律。然后，他讲了战斗英雄邱少云在烈火烧身的情况下，仍然没有违反纪律的故事。雷锋听后羞愧极了，一头扑到指导员怀里哭了起来。指导员一边给他擦眼泪，一边安慰道："你只要认识到错误，今后改正就行了。"

雷锋牢牢地记住了指导员的教导。从这以后，他再也没有违反过任何纪律。

做好事被"查"

雷锋到部队不久，就开始不断地在营区做好事，而且还曾因为星期天请假外出做好事不留名而被"查"。

一天早上，营长王柱根和平常一样，习惯性地比战士提前半个小时起床，穿好衣服后，开始在营区周围巡查，主要是看看机械场的机械车辆和岗哨的情况。他在返回营房的途中，远远看见在小礼堂旁有一个战士在打扫院子。好奇心驱使他走过去。当双方只差十来米距离的时候，他认出了雷锋。王柱根走上前问："雷锋，你怎么起来这么早?"雷锋回答道："首长，我当上了解放军，心里特别高兴，所以就早点起来打扫卫生啦!"说罢，转身又干了起来。

王营长心想：我当兵这么多年，还是第一次看到刚刚入伍的新战士就这么有干活的主动性和积极性的。他打心眼儿里喜欢上了这个小个子新兵。

这期间，雷锋不但在军营内做好事，而且还利用节假日到营口市内的火车站和学校等处做好事。

一天，技术营营部书记张时扬接到团部打来的电话，说有一个新战士，曾在营口火车站候车室里不声不响地打扫卫生，而且还帮助旅客扛行李、抱小孩，搀扶老弱病残上下火车，车站的工作人员和旅客都很受感动，纷纷问他的名字，他却坚持做好事不留名。

　　团部要求张时扬一定要把这个小战士"查出来"，给予表扬。张时扬放下电话，立即向技术营副教导员姜洪贵作了汇报。姜副教导员听完汇报，当即命令张时扬"查出"这个新战士。张时扬根据火车站那边提供的体貌特征，到新兵排没费太多周折就"查出"了这个做好事不留名的新战士——雷锋。

　　张时扬回到营部向营首长汇报了"查出"雷锋的经过。随后，又向团部作了报告。从此，雷锋的事迹在新兵排、技术营和全团官兵中逐渐传开。

　　一次，阜右东副营长和营部书记张时扬正在营部值班。突然，哨兵领进来两位女同志，她们说有事要见首长。其中一位姓李的女同志向阜副营长介绍说："我们是劳动小学的老师，上个星期天，学校组织老师清扫学校门前和院子里的积雪，你们部队有个小战士路过学校门前时，主动与老师们一起扫雪。有个老师问他是哪个连的，叫什么名字，为什么帮助我们扫雪。他什么都不讲，只是一个劲儿地扫雪，直到和我们一起把雪扫完，才悄悄离去。当时，校领导和老师们都十分受感动。这不，今天校领导特意派我们俩到部队向首长表示感谢。同时，也希望部队首长表扬一下这个做好事不留姓名的好战士！"

　　阜副营长听后，向两位老师询问了做好事战士的体貌特征。此时，阜副营长心里首先想到的就是雷锋。他命令张时扬立即到新兵排把雷锋找来。一会儿，张时扬领着雷锋走进了值班室。两位女老师看到雷锋后，异口同声地指着雷锋说："做好事的就是他！"

还有一次，雷锋上厕所的时候看到粪池子满了，于是他在第二天天还没亮时就悄悄地爬起来，独自一个人去淘厕所。可是，由于冬天气温太低，粪都冻在了一起，搞得他干了一早晨就累得满头大汗，可即便如此也没有淘出多少。指导员起床后发现了，亲切地对雷锋说："你这种工作热情是好的，可是光靠一个人的力量有限，只有把群众发动起来力量才是大的。"午休时间，在指导员的号召下，大家一齐动手，不到一个小时就把厕所淘完了。这件事深深地教育了雷锋，他懂得了无论干什么事情都要依靠群众、带动群众，只有大家齐心协力，才能完成保卫祖国的伟大事业！

苦练能过关

紧张的军事训练开始时，冬季的营口正是天寒地冻，到处都滴水成冰。位于辽河附近的新兵训练场上北风呼啸，吹到人的脸上就像刀割一样痛。这正是锻炼新兵意志的时候。

基础训练对新战士来说是极其重要的。队列训练是基础的基础。每天，战士们冒着刺骨的寒风，认真进行队列训练。新兵们进行队列训练时，个子矮小的雷锋身穿一套稍显肥大的棉军装，脚上穿着一双棉大头鞋，他虽然用力地迈开步子，但还是显得比其他新兵走得慢，队列的排列显得有些不整齐。新兵班长见状喊雷锋出列，做单兵训练。他出列后，直挺挺地站在队列前，两眼盯着班长讲解动作要领。接着，班长给他做了一遍示范动作，然后让他操练。雷锋一次次用力地向前迈着大步，但因身材原因，步幅距离太近，达不到要求。战友们都站在一旁为他着急，而雷锋却仍是不厌其烦地一遍又一遍地进行操练。

就这样，雷锋虽然个子小，但立正、稍息、报数、看齐，每一个动作都认真操练，细心体会动作要领，把各种转法、走法，一招一式，都尽力做得好一些。他每走一步、每做一个动作，包括立正时"目光平视前方""五指并拢并让中指贴紧裤缝"这类细微之处，都按照教范的要求和班长的指导，细心揣摩，反复体会，一丝一毫都不含糊，非练到位不可。班长看到他动作逐渐做得标准起来，就称赞他是个"标准战士"。

第二个训练科目是投手榴弹。教范规定是 30 米为及格，40 米为良好，50 米为优秀。一般来说，投得远近，和新兵的身高、体重和力气不无关系，也就是说，人高马大的新兵投手榴弹就占据优势。而雷锋呢？由于其身材矮小，明显处于劣势。班长一面用手掂量着刚领回来的教练手榴弹，一面拿眼打量这个穿小号军装还显得肥大的雷锋："雷锋同志，困难嘛，会有些的。没得关系。遇到啥子困难就讲，大家帮助你克服。"

"我知道，投弹不是走队列。"雷锋拿起一颗教练手榴弹，就地比画两下。"班长，你放心吧，我会好好练的！"班长估计得没有错。一连几天，尽管雷锋使出全身力气练投弹，可怎么也够不着及格线。

雷锋看到大个子新兵王延堂，玩儿似的跑了几步，一甩手，

雷锋在练习扔手榴弹

就过了 50 米的优秀成绩。再看战友乔安山，才练了几天，40 米的良好成绩也稳稳拿下。雷锋看着同样一颗教练手榴弹，掂在自己手里，显得格外沉重，铆足劲儿投出去，却好像断了翅膀的麻雀，眼看着往下掉。

看到战友们有投 40 米、50 米的，雷锋急得很，眼泪都快要掉下来了。雷锋想：一个人不及格，将要影响到全班的训练成绩。再者说，连个手榴弹都投不好，能算一名合格的战士吗？于是，雷锋铆足劲儿地练起来，把胳膊甩得又肿又疼。结果呢，不仅没有长进，反倒越投越近了。

班长耐心地给雷锋讲解要领，战友们帮他纠正动作，都盼望他能够早些达到及格标准。

王延堂直言相告："我说雷锋，不是打击你的积极性，你再练也是白费力气，条件差嘛！"雷锋揉着酸疼的肩膀，仰起脸笑了笑。他望着眼前这个差不多高出自己一头的战友，夸张一点说："大腿比我腰还粗，胳膊比我腿还长。"打退堂鼓吗？不行！个子矮也罢，胳膊短也罢，但不能把这当作完不成任务的借口。

雷锋说："要讲身体条件，我确实比王延堂差得多，比其他同志也差不少。怎么办？只有战胜自己。一靠个人练，二靠众人帮，我看是不会白费力气的。""要得，要得。"班长连声说行，战友们纷纷点头称是。王延堂知道自己话说过头了，连忙解释说自己有口无心，"满嘴跑火车"，叫雷锋别往心里去。

这天晚上，雷锋在日记里写下了这样几段话：

敬爱的毛主席，我看到您写的《纪念白求恩》这篇文章，深受教育，被感动得流下了热泪。

过去有人讽刺我说："你积极有什么用，那么点的小个子，给你150斤重的担子，你就担不起来。"我听了这话，还埋怨自己为啥长这么点小个子呢！

可是，您老人家说："一个人能力有大小，但只要有这点精神，就是一个高尚的人，一个纯粹的人，一个有道德的人，一个脱离了低级趣味的人，一个有益于人民的人。"这话给我很大鼓舞。个子小我也要尽我自己最大的力量，做到毫不利己，专门利人，向伟大的国际主义战士白求恩学习。

　　新兵连的干部都知道雷锋要强，担心他拼命练投弹练出毛病来。连指导员来福生特地来找他谈话，表扬他苦练杀敌本领，精神可嘉，同时提醒他不能练得太急、太猛。

　　指导员说，作战和训练都要讲科学，打胜仗、练好兵必须把革命精神和科学态度结合起来，蛮干是不行的。蛮干和干革命、打仗练兵根本不搭界，要求雷锋记住这个道理。他还讲，练投弹有规律可循，动作协调、发力正确非常重要，劲儿使不到地方不仅投不远，搞不好还会伤着筋骨；练投弹不能光投弹，应针对个人情况做些辅助练习，全面提高身体素质。最后，来指导员告诉雷锋回去多开动脑筋，"要用脑子练投弹"。

　　一席话，合情合理又可行。雷锋听后很受教育和启发。他当即表示，一定按照指导员的点拨去好好体会、认真训练。他说："原来我想，当兵投不好手榴弹，像话吗？越这么想越着急，越着急越这么想，结果适得其反，这回我明白了，不能为投不好弹背上思想包袱，要想就要往怎么能投好上想。"

　　来指导员发现这个新兵很有悟性，不仅一点就透，而且善于举一反三地思考问题，心里十分高兴。本想再跟他谈一阵，见他已经累了一天，就鼓励他几句后回去休息了。

　　第二天早晨，技术一连连长杜玉琛看到雷锋正在一个人练投弹。他发现雷锋投弹有些不得要领，于是主动走过去说："雷锋呀，投弹是要讲究技巧的。你这样硬投是不能有进步的。你得在投弹中注意总结要领，要把手榴弹投成抛物线形，要使巧劲儿。"接着，杜连长给他做了个示范动作。雷锋一边仔细看，一边认真琢磨，非常用心。杜连长接着说："雷锋，看你的手臂都投肿了，先休息休息再练吧。"雷锋回答说："我这只手臂肿了，就用另一只手臂练。投弹不合格，将来怎么能保卫祖国呀！我是不达目标不罢休。"

雷锋的胳膊肿得很厉害，连吃饭时拿碗筷都很艰难。班长薛三元看到雷锋的窘态，也很心疼，他告诉雷锋要劳逸结合，不要蛮练，唯有科学训练才能有所进步。

每天熄灯以后，雷锋都还在琢磨投弹要领，薛三元看在眼里，决定帮雷锋利用夜晚的时间补课，他给雷锋纠正了很多动作细节。日复一日，雷锋始终秉持着"不达目标不罢休"的精神练习投弹。

1960 年 1 月，雷锋在驻营口工兵第十团新兵训练场接受老战士惠连生指导投弹

一天晚上，回到宿舍，雷锋的心情久久难以平静。他拿出日记本，一页一页地翻看着，很快找到了前几天从报纸上抄录下来的两段话：

　　斗争最艰苦的时候，也就是胜利即将来到的时候，可也是最容易动摇的时候。因此，对每个人来说，这是个考验的关口。经得起考验，顺利地通过这一关，那就成了光荣的革命战士；经不起考验，通不过这一关，那就要成为可耻的逃兵。是光荣的战士，还是可耻的逃兵，那就看你在困难面前有没有坚定不移的信念了。

　　困难里包含着胜利，失败里孕育着成功，革命战士之所以伟大，就是他们能透过困难看到胜利，透过失败看到成功，因此他们即使遇到天大的困难，也不会畏怯逃避，碰到严重的失败，也不至［致］气馁灰心，而永远是干劲十足，勇往直前，终于成为时代的闯将。

雷锋最初读到这些话的时候，内心受到了强烈的震撼。他对自己说，绝对不当可耻的逃兵，这一关再难过也要过！的确是这样，这段话曾给他以有力的鞭策，使他坚定了克服困难的信念与决心。来福生指导员和杜玉琛连长的谈话，使他懂得了一个道理：克服困难靠信念，靠决心，还要靠办法。如果没有切实可行的办法，困难就不能克服，决心也无从落实，信念更会落空。

在这种信念的支撑下，只要连队不安排集体活动，雷锋就利用晚上时间给自己"出小操"。一般都是先做一遍广播体操，活动开了，接着用单杠练引体向上，以增强臂力。

雷锋在心理上逐渐放松，眼前也豁然开朗，练投弹的心情和姿态也焕然一新。如在训练中，每次手榴弹一出手，他马上就追过去，然后再抓起来往回投，往回跑。来来回回，细细琢磨，不断总结经验。班长问他为什么这么练，他说为了多投、多体会，捎带练跑，以增强腿上的爆发力。

此时的营口已是数九寒天，铁制单杠冰凉冰凉的，而且上面还结有一层霜，双手往上一握，寒气彻骨入髓。但雷锋硬是咬紧

雷锋在利用双杠进行锻炼

牙关，一次次顽强地做着引体向上。他给自己规定好数量，强制自己完成。熄灯号吹响了，营房宿舍的窗户不再有亮光。他搓搓手，又蹿上单杠。当他做完最后一次的时候，衬衣和衬裤都已被汗水浸透了。

俗话说，功夫不负有心人。由于雷锋坚持不懈地苦练，终于在实弹考核中取得了优秀成绩。

第三个训练科目是射击。为了增强自己的臂力，雷锋经常把砖块放在伸展开的双手上，有时还把砖块拴在枪管上，以提高瞄准的稳定性。

一个星期天的下午2点多钟，天气特别寒冷，战士们都在营房内休息，等着3点钟开晚饭（星期天两顿饭）。这时，营部书记张时扬到菜窖去。他刚走过技术一连营房的山墙头，就看见雷锋独自一人伏在地上练习步骑枪（新中国成立后制造的第一种步枪）瞄准。张时扬走到他身边，雷锋好像什么都没看见一样，照常练习瞄准。张时扬见他睁一只眼，闭一只眼，右手没有戴棉手套，食指轻扣在扳机上。此时的雷锋目视前方，眉毛上蒙上了一层白霜，脸蛋被冻得通红，鼻子下面还淌着鼻涕，样子特别可笑。

当张时扬听到扣扳机的击发声后，知道雷锋瞄准动作已完毕，于是喊了一声："雷锋！"雷锋转过身，抬头同张时扬打了一声招呼。

张时扬说："雷锋呀！你冻成这个样子，还不回屋休息啊！"

雷锋说："我瞄准动作不行，趁着没开饭再练一会儿。"

"天这么冷，冻坏了咋办？"张时扬说。

还没等张时扬把话说完，雷锋就接上话茬说："怕冷？怕冷能练出硬本领吗？没有本领怎能保卫祖国？"

说罢，雷锋恳切地对张时扬说："你劝我还不如帮帮我。干脆，你帮我练瞄准吧！"

雷锋这么一说，弄得张时扬也不好再说什么，只好伏在地上帮他纠正瞄准动作。在帮雷锋练瞄准过程中，张时扬发现由于雷锋手指短小，所以用食指扣扳机有些费劲，击发时枪身摆动造成枪口向下，不能击中目标。于是，张时扬告诉他改用中指扣扳机。同时告诉他，瞄准目标后，在击发的瞬间要屏住气，借用中指与大拇指间的合力扣扳机，才能用力均匀，保持枪身平稳和击中目标。雷锋听后，高兴地对张时扬说："谢谢你给予我的指导！"

开饭了，连队改善伙食，有个新战士把吃剩下的半个馒头扔掉了。雷锋看见后，把这半个馒头捡了起来，找到连长说："有个同志把吃剩的馒头扔了，多可惜啊！"连长接过馒头，觉得雷锋做得很对。同时，这也给领导提出了一个需要思考的问题：这不仅仅是半个馒头的问题，而是青年人身在福中不知福的问题。事后，连长用这个事实教育了全连战士，并且表扬了雷锋。

雷锋经过一个时期的刻苦训练和细心体验后，很快掌握射击要领，顺利地过了这一关，并在实弹射击考核中取得了优秀成绩。

一个多月紧张的新兵训练转眼就结束了。新兵营营长荆悟先和各连连长赶到三营大操场，参加团里召开的新兵训练总结暨表彰大会。当他们刚走过营口火车站前面的交通道口时，就听到团部的扩音喇叭里连续播放着雄壮的《解放军进行曲》。

操场外站满了围观的群众，操场里红旗招展。团首长端坐在主席台上，300多名新兵在主席台下整齐地站立着。

会上，团首长宣读了嘉奖令，通报表扬了在新兵训练中表现优秀的战士。雷锋也成为其中的一员。嘉奖令中特别提到，雷锋在新兵训练中，勤奋好学，军容风纪、内务卫生、队列、投弹、射击等基础训练科目都取得了优异成绩，而且还继承和发扬了我党我军的光荣传统，在军营内外做了很多好事，受到部队官兵和营口市群众的好评和赞扬。同时要求全团官兵要向雷锋学习，处处以雷锋为榜样，做好施工前的准备工作，为更好地完成新年度施工任务而努力奋斗。这时，全场响起了一阵热烈的掌声。

此时的雷锋，胸前戴着一朵大红花，面带灿烂的微笑，昂首挺胸地站在主席台上。后来，雷锋在日记中写道："我的成长进步都是党培养的结果。"

分到汽车连

新兵训练工作结束前，军务参谋戴明章按照团首长的安排，着手准备对新兵进行分配。他经过七八天认真细致的分类、排队、清理及分发档案、造册，把即将分配到各连队的新兵名册、档案及组织手续都一一办理妥当，拟经团党委讨论后，正式分配给各连队。

新兵分配的一条重要原则，就是要考虑新兵入伍前原有的技术专长、文化程度和政治素质，当然身体条件也要考虑进去。因为新兵的分配工作，不仅关系到部队的建设，而且对每个新兵的前途和发展将会有重要影响。因此，这项工作让戴明章费了不少脑筋。

雷锋曾在湖南望城县和鞍山钢铁公司化工总厂、弓长岭矿当过拖拉机手和推土机手。据此，他理所当然地应该被分配到技术营的技术一连。因为他们那里有很多推土机、铲运机、挖壕犁等走行机械。像雷锋这样已经熟练掌握推土机操作技术的新兵，可以不用再经过专门培训就能成为一名熟练的机械操作手，能直接顶岗当老战士使用。对于这一点，戴明章心里是十分清楚的。

但让人感到意外的是，戴明章却偏偏把雷锋分配到了汽车连（后改为运输连），学汽车驾驶技术。原来，戴参谋心里另有打算。他考虑到团里仅有一台首长用的指挥车——苏式"嘎斯69"吉普车，而驾驶该车的司机是1955年入伍的贵州省天柱县的老兵龙远才。考虑到龙远才已经是一个超期服役的老兵，随时都有可能退伍。他一旦退伍，谁接替？当时，要选择一个政治上可靠、驾驶技术熟练、能随时保证首长安全用车的驾驶员，谈何容易！基于这些考虑，戴明章相中了雷锋。他想，先让雷锋参加汽车连驾驶训练，只要学好路面驾驶，很快就可以当小车司机。这就是他要让雷锋当汽车兵的真实原因。于是，军务参谋戴明章把这一想法事先向团长吴海山和团司令部参谋长作了汇报。首长们均表示同意。

在团里召开的新兵分配工作会议上，戴明章向团首长汇报了新兵分配方案。首长们对新兵分配方案表示满意。

当时，雷锋非常想在新兵训练结束后，到技术一连去开推土机。一天，他走进了技术一连连部的办公室，主动找杜玉琛连长唠了起来："杜连长，我很羡慕你们那些大型推土机，我在鞍钢工作时就开过那种型号的推土机。"说着，他用手指向了窗外的一台推土机。杜连长说："那你技术一定很熟练吧？"雷锋说："我还曾被评为优秀推土机手呢！"杜连长听完雷锋的话，立即兴奋起来。因为当时部队要培养出一个优秀的推土机手，需要数百个小时的实际操作时间。杜连长急切地说："雷锋，你向领导要求一下，想办法分到我们连吧！我保证你愿意开哪种类型的推土机都行，而且不需要培训，来了就可以当车长。"雷锋说道："杜连长，说句心里话，我非常愿意到你们连来开推土机，但我是一名战士，得服从组织分配啊！首长叫我干啥，我就得干啥，不能挑挑拣拣。"杜连长听了雷锋的话，感觉很意外："你这个小伙子境界还很高啊！"

为了把雷锋"搞"到手，杜连长托营部的罗源忠参谋到团里帮忙说话，想走走"后门"。可是罗参谋到团里回来告诉杜连长：首长说部队为了培养"多面手"，已经计划将雷锋分配到汽车连学驾驶汽车了。杜连长听后还有些想不通。他认为，国家花钱培养一个技术能手多不容易，怎么说改行就改行了呢？这样浪费人才真是太可惜了!

新兵营营长荆悟先知道分配方案后,又气又恼,当即找到军务参谋戴明章发了一通脾气。质问他为什么不按新兵分配原则办事。荆营长为什么这样生气?他认为,雷锋是他接来并且亲自带训过的新兵,团部分配新兵,理应征求一下他的意见。而他的意见是把雷锋分配到技术营,他甚至还指责戴参谋在新兵分配上搞领导机关特权。原来新兵营一解散,荆营长就要回技术营继续当营参谋长。像雷锋这样他亲自接来的好兵,他真的舍不得拱手让给别人啊!

就这样,雷锋被分配到汽车连,有着开拖拉机和推土机经历的他,对组织上的这一安排虽然感到有些遗憾,但还是非常愉快地接受了组织的安排……

来到汽车连的雷锋非常用心地钻研业务,研究汽车相关的知识。

除此之外,他依然经常帮助别人,对大家总是慷慨大方,对自己却非常吝啬。有一次,他在路上开车,突然停下车往下跑,众人纷纷不解。原来竟然是路边不知被谁撒了一小堆水泥。雷锋小心翼翼地用自己的手绢把水泥包起来拿到了车上。这件事传开以后,还常常有人嘲笑他抠门儿。可是雷锋完全不在乎别人怎么说,他发现每次往工地运输水泥后,车厢里都会遗留一些水泥,虽然留下的水泥并不多,但依然让雷锋觉得特别可惜。于是雷锋拿起笤帚清扫遗留的水泥,从扫自己的车发展到扫整个连的车。连里的其他士兵也受到了感染,大家纷纷拿起笤帚,加入了进

雷锋在钻研汽车修理业务

来。在雷锋的带动下，大家总共收集了 1000 多斤水泥。后来这些水泥还发挥了很大的作用——这些捡来的水泥铺平了运输连多年来一直崎岖不平的道路。

雷锋在汽车前留影

　　雷锋曾在日记里写道："现在，我们国家处在困难时期。我们是国家的主人，应该处处为国家着想，事事要精打细算，不能今朝有酒今朝醉，明日愁来明日忧。"他在日记里是这样写的，

雷锋带领战友们清扫车厢里的水泥，左三为雷锋

生活中也是这样做的。雷锋永远把国家和人民的利益放在自己心中最重要的位置，一言一行都在为国家着想。

差点当"演员"

为庆祝新兵训练结束，部队召开了文艺晚会。会上，雷锋激情澎湃地朗诵了一首自己刚刚写成的小诗——《穿上军装的时候》：

小青年实现了美丽的理想，
第一次穿上了庄严的军装，
急着对照镜子，
心窝里飞出了金凤凰。
部队分配他驾驶汽车，
每日就聚精会神坚守在车旁，
将机器擦得像闪光的明镜，
爱护它像爱护自己的眼睛一样。

雷锋饱含深情的朗诵得到了在场部队首长和战友们的一致称赞。

第二天清晨，连里召开紧急会议，班长一回来就说全团奉命到抚顺执行施工任务，上级指示新战士立即随建制连队出发。虽然不是打仗，但战斗气氛依然很浓。雷锋一下子兴奋起来，赶紧打背包，做行动前的准备。

雷锋和战友们吃罢早饭，正在准备上车的时候，通信员突然跑来，让雷锋马上到连部去一趟。

雷锋急忙来到连部，来福生指导员不慌不忙地让他坐下，然后笑着说："雷锋，我们决定让你马上去执行一项新的任务……"

"新的任务？"雷锋不解地问。

"是呀！昨天开晚会，团政治处俱乐部主任陈广生听了你的诗朗诵《穿上军装的时候》后，想选你当'演员'啦！刚才团部来了电话，点名让你参加战士业余演出队，你马上到团政治处俱乐部报到吧。"

来指导员的话，让雷锋感觉太突然了！他急切地问："指导员，参加演出队，我还能跟部队一起执行任务吗？"

"当然可以跟部队一起执行任务。"来指导员接着说，"部队这次要去抚顺执行一项重要的国防工程援建任务，而且马上就要出发。为了鼓舞官兵士气，团里决定挑选部分文艺骨干组成战士业余演出队，留在营口一段时间排练节目。节目排好以后，先代表全团指战员慰问驻地营口的干部群众，然后去抚顺为施工部队演出。"

原来，团政治处俱乐部的陈广生主任早就看出雷锋是个具有文艺天赋的"活跃分子"，写诗、教歌、吹口琴、说快板，样样都行。团里举办晚会在很大程度上也有挑选新兵"演员"的目的。所以，雷锋在晚会上表演诗朗诵，一下子就被陈广生相中了。

雷锋虽然不是很情愿，但还是痛快地答应了。他说，搞文艺宣传也是大事，组织上既然决定了，我坚决服从命令。

团政治处俱乐部战士业余演出队的人抽调齐后，便开始了排练。由于演员少，节目多，若不采取"一兵多用"的办法，就很难很好地撑起一台节目。于是，开始分配角色，自报公议。雷锋的积极性实在令人吃惊，他一口气报了诗朗诵、快板两个单人节目和三四个集体说唱节目。大家都担心他"贪多嚼不烂"，不能按时把台词背下来。可雷锋却信心十足，还打包票说："没问题！"

雷锋把台词拿到手，便开始起早贪黑地背起来。晚上，躺在被窝里的他还在念叨个不停。

俗话说，功到自然成。雷锋的记忆力真的不错，而且又肯下苦功，他拿着脚本起早贪黑地练，很快把台词都背得滚瓜烂熟。可是几个人合练台词的时候，问题就来了。原来雷锋的湖南口音和大家"不合炉"，比如你说"风"，他说"哼"；你说"吴"，他说"胡"，在集体节目中显得很突出，一开口就惹人发笑。雷锋自己听着也觉得不行，赶忙向他人求教，一句一句地纠正语音。练了几天，虽有了些进步，但一进入正式排练，大家还是直摇头。

一天，团政治处宣传股股长吴广信到俱乐部检查节目。雷锋在台上动情地念台词："战地网瓜分外香……"吴广信费解地问陈广生："战地网瓜是什么？"陈广生略显无奈地说："战地黄花分外香。"吴广信对陈广生说："雷锋的湖南口音太重了。"陈广生考虑到雷锋练得那么投入，如果马上不让他演，怕挫伤他的积极性。于是说："可以让他纠正口音。"吴广信说："纠正口音？短时间可没那么容易。"过了两天，吴广信又对陈广生说："我又去听雷锋背诵了两次，结果非常令我失望。时间这么紧，再过几天就要演出了，他那湖南口音不可能在这么短的时间内矫正过来，必须趁早换人。"

陈广生想到雷锋对工作那么热心，那么积极，现在把他拿掉，会不会挫伤他的自尊心？正在他为难之时，雷锋主动提出把自己换下来。而且还向他表达了歉意，说自己单从热情出发，事先没想到自己的口音问题，结果给领导添了麻烦，影响了排练进度。事后，吴广信骄傲地对陈广生说："我们团长果然没看错雷锋！"

排练期间，雷锋观看了电影《黄继光》。当晚，雷锋在日记里写道：

> 在今天的电影里，我看到英勇的革命战士黄继光。他为了党和人民的事业，为了人类的解放而献出了自己最宝贵的生命……他这种为了党和人民的事业而牺牲了自己的崇高精神是值得我永远学习的。

雷锋"没戏"了，但他并没有待在一旁享清闲，而是立即把自己的工作重点从台上转移到台下。那些日子，他一连做了几件事情。这些看似一般的事情，对演出队这样一个临时组建的单位来说，却非同小可。

雷锋为演出队做的第一件事情是：帮厨。由于战士业余演出队没有条件自办伙食，所以只能在团机关留守人员的食堂里就餐。一下子增加了30多个官兵挤进来吃饭，加上伙食标准、开饭时间等问题引来的矛盾，另外还加大了炊事员的工作量，机关干部和炊事员对此都有想法。因此，演出队员成了"最不受欢迎的人"，冷言冷语冷面孔就更不用说了。有时候演出队忙于排练来晚了一点儿，甚至连口热饭都吃不上。有的队员气不过，开始踢桌子，踹板凳，发牢骚，说怪话，搞得双方的关系逐渐紧张起来。俱乐部主任陈广生夹在中间，很伤脑筋。

这些情况，雷锋都看在眼里。为了能让演出队的战友们吃上热乎的饭菜，雷锋主动提出要到伙房帮厨。他说，演出队吃不好饭是个大问题。伙房那头有难处，自己去帮帮厨，情况也许会改善一些。这一招果然有效。

雷锋刚一过去帮厨，就眼里有活儿，非常勤快地干起来。他不怕苦，不怕累，炊事员们看到雷锋这个从演出队来的帮手还真顶用，于是脸色就好看多了，演出队员们吃饭来得早点儿或是晚点儿，都能保证饭热菜香，而且一日三餐都吃得饱，吃得好，演出队员别提有多高兴了。至于雷锋在帮厨过程中受了多少累，吃了哪些苦，因为大家都忙着排练，没有人了解过。

雷锋为演出队做的第二件事情是：烧水。演出队只有一只暖水瓶，从食堂打来开水，根本不够大家喝的。队员们排节目又说又唱，很快就口干舌燥的，喝不上开水可怎么能行？雷锋没等首长安排，就不声不响地捡来一些碎砖头，在营房外墙根下搭起个小炉灶，然后从伙房借来一只白铁壶，找来一些干树枝，开始给队员们烧水。水烧开后，他就拎着壶走进排练场，挨个儿倒在杯子里凉着，以便让大家随时能喝上温热的白开水。

一次，雷锋正在烧水的情景把陈广生吸引住了。只见火光旁，雷锋手捧一本书，在认真阅读。直到陈广生走到他跟前，他都没有发觉。陈广生说："你真是烧水学习两不误啊！"雷锋抬起头嘿嘿一笑，然后起身提着水壶给大家倒水去了。

陈广生将雷锋的表现看在眼里、记在心头，不止一次地表扬他一边到伙房帮厨、一边给队员们烧水的事。演出队员也高兴地说："雷锋简直成了我们大家的勤务员啦！"雷锋却笑笑说："我没事找点事干，免得在演出队'失业'呀……"一句话，把大家都逗笑了。

晚上，雷锋拿起《毛泽东选集》，认真地看起来。

读了一会儿，他在日记本上写道：

　　我学习了毛主席著作以后，懂得了不少道理，脑子里一豁亮，越干越有劲，总觉得这股劲儿永远也使不败。

　　我为群众尽了一点自己应尽的义务，党却给了我极大的荣誉，去年被评为先进生产者，并出席了鞍山市青年建设积极分子大会。这完全是由于党的培养，是由于毛主席思想给了我无穷的力量，是由于广大群众支持的结果。我要永远地记住："一滴水只有放进大海里才能永远不干，一个人只有当他把自己和集体事业融合一起的时候才能有力量。"

　　"力量从团结来，智慧从劳动来。

　　行动从思想来，荣誉从集体来。"

雷锋热爱阅读《毛泽东选集》

我要永远戒骄戒躁，不断前进。

排练进行时，有个叫《老刘的故事》的节目需要队员们穿便装，因为根据节目效果的需要，大家穿清一色的军装会感觉很单调。可是从哪里能搞到几件便装呢？俱乐部主任陈广生和演出队员们正在商量到哪儿去借时，坐在一旁的雷锋插话道："要用什么样的服装？"陈广生以为雷锋又想承担借服装的任务，于是说帮厨、烧水就够你忙活了，这件事有人办，不用你去了。可雷锋还是一直追问，当他问清楚情况之后说道："我看不用借了。"说着，他把自己那只放在储藏室里的小皮箱抱来了，从里面翻出了一件旧工作服上装，一条深蓝色料子裤和一件棕褐色皮夹克。"你们看这几件能用吗？"大家看了看，喜出望外："能用，全都能用！"陈广生看到后，跟雷锋开起了玩笑："小雷够阔气的，有这么漂亮的皮夹克。"雷锋摇摇头，淡淡地说："我不像你们……我没有家，这点儿家底都得随身带。"

雷锋（前排右二）在营口与部分演出队成员的合影

1960年3月初，雷锋在驻营口工兵第十团战士业余演出队排练节目

这期间，不管队员们每天排练结束得多晚，雷锋都是争着打扫排练场，然后把道具一件一件地收拾起来。

转眼间，近20天的排练结束了。陈广生带领战士业余演出队，在营口海员俱乐部为站前区党政机关领导和群众做了几场告别慰问演出。演出期间，雷锋里里外外忙个不停，他一会儿在俱乐部给站前区有关领导端杯倒水，一会儿在俱乐部门口帮助维持秩序。

战士业余演出队在营口进行的慰问演出结束后不久，雷锋随演出队来到抚顺，并回到了汽车连。陈广生的日记里有这么一段记述："4月7日，晴……下午，雷锋回连，借去《鲁迅小说集》。"

多次回营口

雷锋在驻营口工兵第十团执行"751工程",扩建抚顺钢厂期间,苦练驾驶技术,很快成为一名很专业的驾驶员,战友乔安山则是他的助手。他们俩开着苏联制造的"嘎斯51"型汽车,车号为J7—24—13,即人们常说的13号车。雷锋与乔安山的关系像亲兄弟一样好,互相配合得也非常默契。

乔安山和雷锋的相处并非一开始就这么融洽。1960年,乔安山和雷锋一起入伍,刚刚入伍的乔安山是个作风散漫的青年,学习和工作上并没有雷锋这么高的觉悟。连领导得知乔安山和雷锋在入伍前都是弓长岭矿的工人,便决定把乔安山调到雷锋所在的班,让雷锋潜移默化地带动乔安山进步。雷锋主动与乔安山结成了一帮一的帮教对子,每天同开一辆车、同吃同住。乔安山生病,雷锋会给他买水果、送饭;乔安山衣服脏了,雷锋会主动给他洗衣服;就连私下得知乔安山的母亲生了病,雷锋都会偷偷地以乔安山的名义给乔安山的母亲寄钱……这一点一滴的帮助和爱护使乔安山也变得越来越上进。

运输连在抚顺执行任务期间,主要是拉运钢材、水泥、木材等施工用的物资。这样的任务,大都是雷锋和助手乔安山共同完成的。

当时,部队虽然在抚顺施工,但全团官兵的给养基本上都是由驻营口的团后勤处采购,运输连负责运送。给养主要有军用被服、劳动保护用品及施工器材等。运输连领导为了锻炼雷锋，经常派他驾驶单车从抚顺回营口拉运给养。从抚顺回营口属于跑长途，每次都有一位老兵陪同雷锋跑。

一次，雷锋从抚顺回营口拉运给养，运输连副连长曹玉德就坐在副驾驶的位置上。路上，曹副连长发现雷锋的驾驶技术已日渐成熟，对他提出了表扬。雷锋听后却显得挺难为情，表示自己还差得很远。说来也凑巧，途中汽车突然熄火了。雷锋立即跳下车，打开发动机盖检查故障。曹副连长也跟着下了车，站在一旁看他怎样处理故障。雷锋左看看，右摸摸，找了半天也没有找到毛病。这时，曹副连长告诉他，汽车常见的熄火故障有两种：一种是突然熄火，一种是缓缓熄火。如果是突然熄火，那一定是电路故障；如果是缓缓熄火，一般应是油路故障。雷锋听了以后，恍然大悟，一边点头，一边打开分电器，查找分火头。原来是分火头碎了。雷锋迅速换了一个备用件，把车修理好。军车又继续向营口方向驶去……

还有一次，雷锋由抚顺乘火车回营口。本来路上他应该吃饭的，更何况连队还给了他 1 块 5 角钱差旅费和 1 斤粮票。但他看到火车上的饭很贵，需要七八角钱买一餐，他舍不得吃。特别是，当他想到在旧社会有时自己好几天都吃不上一顿饭，现在饿一顿也没关系，于是就没有吃。返回抚顺后，他把粮票和钱交还给了司务长。

1960 年秋末冬初，部队因天寒地冻无法继续施工，运输连奉命返回营口参加冬训。冬训的主要任务是，到营口的农村搞野外拉练。拉练的目的是检查车况，提高在山路及冰雪路面上驾驶车辆的技术。雷锋在拉练过程中严格要求自己，认真查找车辆存在的毛病，刻苦钻研驾驶技术，不辞劳苦地保养汽车，很快练就了一身驾驶的硬功夫。

1961年1月29日，部队正在驻地营口搞"两忆三查"（忆阶级苦、忆民族苦；查立场、查斗志、查工作）活动。雷锋为全团1000多名官兵和随军家属作了忆苦报告。很多官兵被感动得流出了同情的眼泪，有的家属还哭出声来。整个会场沉浸在一片悲痛之中，大家深为雷锋的苦难家史所感染。有的战士还自发地站起来带领大家喊口号："不忘阶级苦，牢记血泪仇！"

1月30日，雷锋在日记里写道：

> 昨天我在军人大会上忆了苦，到会的一千多名战友以及家属都很同情我过去受的阶级苦和民族苦，都掉下了辛酸的眼泪，有许多同志自动站起来带领大家喊口号。
>
> ……
>
> 今天我找一个战友谈心。我问他在旧社会受过苦没有？他低下头回答说："我爸被日本鬼子抓去当劳工，冬天冻死了，三岁的小弟弟饿死了，妈带着我要饭，受尽了折磨和痛苦。"我又问他："在旧社会为什么穷人受苦、富人享福呢？"他说："穷人在旧社会命不好，富人的八字好，运气好。"我说："过去所谓的富人——地主、资产阶级，现在都垮了台，穷人都当了国家的主人。这难道说富人的八字就不好了么？

穷人的命就好了么?"

他两眼看着我,答不上来。他为什么回答不上来呢?主要是他还有迷信思想,没有掌握阶级分析的武器。……必须从阶级根源上来找原因,来认识它。一件事物为什么这样,怎么会这样,它符合哪个阶级的利益,不符合哪个阶级的利益,这样一分析它的性质就清楚了,是非就明显了,就能正确对待它了……

2月2日,雷锋从营口乘火车到海城兄弟部队作报告。当晚,他在日记里写道:

今天我从营口乘火车到海城兄弟部队作报告,下车时,大北风刺骨的刮,地上盖着一层雪,显得很冷。我见到一位老太太没戴手套,两手捂着嘴,口里吹一点热气。我立即取下自己的手套,送给了那位老太太。她老人家望着我,满眼含着热泪,半天说不出话来。……一路上,我的手虽冻得像针扎一样,心中却有一种说不出的愉快。

2月3日,雷锋从营口到达海城后,上午作了一场报告,下午和董存瑞的亲密战友、老英雄郅顺义见了面。当天,雷锋在日记里写道:

……老英雄抚摸着我的头,紧紧地握着我的手,亲切地问我多大年纪，什么时候入伍的？同时还倒给我一杯茶。当时，我的心像抱着一只小兔子一样嘣嘣直跳，有一肚子话可不知咋样说好。我听说老英雄是董存瑞的亲密战友，我的心像压不住似的要往外蹦，万分敬佩和羡慕地叫他给我讲董存瑞的英雄事迹。我听他说："董存瑞是六班的班长，我是七班的班长。在一九四八年五月二十五日打隆化县的时候，董存瑞在爆破组，我在突击组，我们的任务是要去炸掉敌人的四个碉堡和五个地堡。我们两个组牺牲了六个人，每组只剩下两个人了，董存瑞对我说：'就是剩一个人也要坚持战斗，不完成任务不回队！'在炸最后一个碉堡的时候，董存瑞用手举着炸药包，炸掉了敌人的碉堡，完成了战斗任务，我敬爱的革命战友董存瑞就这样英勇地为党的事业而光荣地牺牲了。"我听到老英雄讲完董存瑞的英雄事迹后，我的心像大海的波涛一样，久久不能平静，我感动得泪流满面。

董存瑞英雄对敌人万分的愤恨，对党和人民无限的忠诚，在战争当中，英勇顽强，丝毫不畏缩，为人民的解放牺牲自己。董存瑞英雄是我永远学习的好榜样，我一定要为党和阶级的崇高事业，随时准备牺牲自己的一切，直至生命。

郅顺义老英雄是我永远学习的榜样，他在战斗当中，勇敢坚定，机动灵活。他俘虏敌人一百四十多人，缴获机枪四十多支。他勇敢地消灭了敌人，保存了自己。

董存瑞和郅顺义两英雄的事迹，深深地教育了我，给了

87

我莫大的鼓舞和无穷的力量，我一定要时刻用这些英雄的事迹来鞭策自己，永远忠于党，忠于人民。

当时，雷锋驾驶的苏式"嘎斯"车已属于被淘汰的车型，转向支臂早已经有了裂痕，很容易折断。1961 年春天，雷锋驾驶车辆从抚顺回营口执行任务，车路过苏家屯时，他突然发现汽车转向支臂折断，方向盘失灵，无法行驶。他急忙搭车赶到沈阳，找到沈阳军区工程兵主任王良太。这种配件很难找到，王良太主任先是找到军委工兵器材基地，然后又找军区后勤部，转了两三个地方才领到配件。对于王主任的帮助，雷锋表达了感谢，转身折回苏家屯，装上配件后，驾车到了营口。

11 月 18 日至 20 日，机械二连在抚顺的铁背山进行施工建设时，由于已经进入冬季，无法继续施工的部队准备回营口进行冬训。当时，部队要求把施工设备运回营口。机械二连连长程占雄对战士王树兴说，咱们马上要回营口参加冬训，运输连要派一辆车帮助我们拉设备，你负责押车。

晚上 6 点多钟，运输连派来的是雷锋。由于雷锋和王树兴是一起从辽阳入伍的战士，俩人见面后会意地笑了笑，然后开始装车。战士们往车上装设备，雷锋也帮助往车上装。王树兴对雷锋说，你一会儿还得开车，有我们装就行了。雷锋听后说，不行啊！现在任务比较紧，咱们得赶快装车。说完他继续帮助装车。

汽车出发后，王树兴坐在驾驶室里。路上，雷锋发现山路不太好走，如果车开得太快，可能会对机械设备造成损害。于是他小心翼翼地把车开得尽可能平稳。王树兴在车上非常敬佩雷锋这种一心为公的做法。

1962年4月7日，工兵第十团从抚顺前往铁岭地区的章党下哈达执行"951工程"，修建铁路专用线。但由于施工任务量不大，只将少量部队派往铁岭，其他部队都留守营口和抚顺，做后勤保障工作。留守营口的部队主要是由团副政委刘家乐和副参谋长马云峰带领着，在营口河北岸负责搞农业生产。运输连大部分在抚顺留守，雷锋领导的四班被派往铁岭下石碑村，配合团部单独执行任务。

7月的一天，团卫生连医生罗叔岳的爱人王金荣带着孩子从营口到抚顺探亲（部队到抚顺执行任务期间，团留守处及部分随军家属仍驻在营口），她们先来到驻抚顺市内的部队留守处，等待乘坐运输连来的汽车到卫生连驻地看罗叔岳。说也凑巧，这时雷锋从铁岭开着车来到留守处。王金荣以前在营口听过雷锋作报告，所以一眼就认出了雷锋，便登上了雷锋的13号车的后车厢。

车开了一段后，雷锋把车停下来，询问王金荣和孩子晕不晕车，车开得快不快。后来，道路越来越颠簸，孩子开始晕车并不断呕吐。雷锋再次把车停了下来，让助手乔安山到后车厢上去，把王金荣和孩子让到了驾驶室里。

一路上，雷锋不时关切地询问孩子好没好点。当孩子晕得厉害时，他还停了六七次车，以缓解孩子晕车的症状。

车终于驶到了团卫生连。王金荣带着孩子一下车，就把雷锋关心孩子的事儿对罗叔岳说了，并说雷锋真是一个令人尊敬的好

1962年8月17日，抚顺举行"公祭雷锋同志大会"，雷锋的灵柩经望花大街运往葛布烈士陵园，近10万人自发送葬

战士。

8月14日晚，雷锋在铁岭下石碑村接到团后勤处的命令，要求他第二天一早赶回抚顺营区，对13号车进行三级保养，以迎接秋季更加繁重的运输任务。

8月15日，雷锋从连部回来，告诉乔安山连里同意他们自己保养车辆。于是二人争抢着用手摇把摇车，雷锋抢过了手摇把，乔安山就坐上了驾驶座。在去往九连的路上，有一段很难走的路，那里左右回旋的空间特别小，却有一个很急促的大拐弯。乔安山停下车对雷锋喊道："班长，你看看会不会撞上房子？"雷锋赶忙往前走，他得确保公家的财产不受损失，雷锋站得离车很近，指挥着乔安山开车。乔安山边开车边问："怎么样，没事吧？"雷锋说："没事，往前开吧。"可就在一刹那，车的左后轮将一根晾衣杆撞倒，而这根木杆子竟然不偏不倚地砸在了雷锋的头上。雷锋瞬间倒地，此时的乔安山还没意识到惨剧已经发生，他把车挪到了伙房门口停好，下车寻找雷锋。这时，乔安山吓傻了，只见雷锋的鼻子和嘴一起在往外喷血，乔安山哭喊道："班长！班长！"雷锋闭着眼睛没有回应。连长虞仁昌赶来，把奄奄一息的雷锋抱在怀里大声喊："雷锋！雷锋！"虞连长的眼泪扑簌簌直往下掉。雷锋被紧急送去医院抢救，可是伟大的共产主义战士雷锋还是抢救无效、因公牺牲了，去世那年他年仅 22 岁。

第 四 章

雷锋与营口的渊源

营口是雷锋的第二故乡

在共和国前进的历程中，雷锋这个光辉的名字始终是一个时代的强音符，在每一个中国人心中闪耀着不灭的光辉。其实，营口是雷锋的第二故乡。读者看后不禁要问：鞍山、辽阳和抚顺不是雷锋的第二故乡吗？怎么又出来个营口？

我们要告诉读者：营口是雷锋的第二故乡的史实不容置疑，经过十余年查阅大量历史资料、书籍、报刊及采访雷锋生前战友，我们得出了这一结论。请怀着无限怀念和崇敬的心情，翻开这尘封多年的历史吧！

雷锋入伍即到营口

打开《营口军事志》第72页，这样一段文字将进入你的视线："雷锋入伍即到营口……"1960年1月8日，雷锋与新入伍的战

士们一起乘火车从辽阳来到驻地营口。2002 年 3 月 6 日出版的
《辽宁广播电视报》发表了《雷锋生前所在连司务长讲述与雷锋
共同走过的日子》一文，雷锋生前战友杨丰普讲述了他与雷锋第
一次见面时的情景："那是 1960 年 1 月 8 日下午 3 点钟，在营口
火车站，新兵刚刚到来的时候，我作为一名老兵，与战友们一起
去火车站接新兵，雷锋当时走在最后，他个子挺矮，手里还提着
一个皮包。我当时就想，当兵还拎什么包哇，后来才知道，他是
孤儿，皮包就是他流动的家。"

　　驻营口工兵第十团举行了誓师大会，雷锋代表新战士发言：
"我们这些新战士，能在 60 年代刚刚开始的日子，穿上军装，扛
起枪，都有说不出的高兴。我们当中有工人、有社员，也有学
生，来自四面八方。可我们只有一个心眼：学好本领，保卫祖
国，当个像样的兵，做毛主席的好战士。"曾为雷锋拍下 200 多
张照片的雷锋生前战友季增，回忆起 1960 年 1 月 8 日在营口火
车站雷锋代表新兵发言时的情景：他（雷锋）开始按照事先写好
的稿子念，但当天风很大，手中的稿纸也被风吹乱了。雷锋索性
把稿子塞到裤兜里，脱稿讲了起来……

　　誓师大会结束后，雷锋和战友们来到新兵排驻地。当天晚
上，雷锋在日记里写下："这天是我永远不能忘记的日子，这天
是我最大的荣幸和光荣的日子。我走上了新的战斗岗位，穿上
了黄军装，光荣地参加了中国人民解放军。我好几年来的愿望
在今天已实现了，真感到万分的高兴和喜悦，这是我一生最大
的幸福。"第二天早饭后，新兵们被集合到大礼堂里，政治处主

任为他们上了第一堂政治课，然后放映了电影《董存瑞》。雷锋被董存瑞舍身炸碉堡的行为深深地感动了，他表示一定要向英雄学习，在党和国家需要的时候不惜献出自己的生命。当天，雷锋还把《解放军画报》上的黄继光画像剪下来，贴在了新买来的日记本的第一页上，决心向英雄学习，做一名合格的解放军战士。

新兵训练开始了，身材矮小的雷锋由于身小臂弱，开始练投手榴弹时不合格。为了练就过硬本领，他天不亮就悄悄地出去练习。一段时间后，他终于在实弹投掷中获得了优秀成绩。由于雷锋刻苦学习军事本领，很快在队列、射击、投弹等基础训练方面达到了训练要求，成为一名合格的新兵。这期间，雷锋患上了感冒。病中，雷锋体会到了首长和战友们的关怀与温暖。病好后，他在日记里抄下了姚筱舟（笔名"蕉萍"）《唱支山歌给党听》这首诗，雷锋还把原诗中的"母亲只能生我身"改为"母亲只生了我的身"；"党号召我们闹革命"改为"共产党号召我闹革命"（雷锋牺牲后，这首诗被朱践耳谱曲传唱至今）。

3月，新兵训练结束。部队首长宣布了新战士分配名单，雷锋被分配到运输连当汽车兵。为庆祝新兵训练结束，部队召开了文艺晚会。会上，雷锋情绪激昂地朗诵了一首自己刚刚写成的《穿上军装的时候》："小青年实现了美丽的理想，第一次穿上了庄严的军装，急着对照镜子，心窝里飞出了金凤凰。部队分配他驾驶汽车，每日就聚精会神坚守在车旁，将机器擦得像闪光的明镜，爱护它像爱护自己的眼睛一样。"这首诗受到部队首长和战友们的一致称赞。部队首长看到雷锋具有表演天赋，便把他从运输连抽调到战士业余演出队当"演员"。"服从革命需要，革命需要我去烧木炭，我就去做张思德；革命需要我去堵枪眼，我就去做黄继光。"这是雷锋向组织表明的态度。从此，雷锋每天起早贪黑背台词、学动作、练表演，把台词背得滚瓜烂熟。后来由于雷锋的湖南口音原因，还没有正式上场，就提早结束了"演员"生涯。

4月7日这天，雷锋离开了战士业余演出队，回到汽车连。雷锋生前战友陈广生在1960年的工作日记里记下了这样一句话："4月7日，晴……下午，雷锋回连，借去《鲁迅小说集》。"就在这一天，雷锋奉命从营口到抚顺执行施工任务。

雷锋从抚顺返回营口

1960年秋末冬初，运输连调回营口参加冬训。冬训的主要任务是到营口县（今大石桥市）境内的农村搞野外拉练。目的是检验车况，提高在山路及冰雪路面上驾驶车辆的技术。雷锋在拉练过程中严格要求自己，认真查找车辆问题，刻苦钻研驾驶技术，不辞劳苦地保养汽车，从没有误过一次执行任务，而且还练就了一身驾车的硬功夫。1961年1月，驻营部队开展"两忆三查"教育活动。29日，雷锋在部队召开的大会上作了忆苦报告，用亲身经历和新旧对比的方法，回忆了自己在旧社会的不幸遭遇和在新社会得到党的亲切关怀，歌颂了党的恩情。在报告会上，雷锋声泪俱下地讲述了苦难家史，还把脊背和手上的伤疤给战友们看。他指着伤痕对战友们说，这些都是旧社会在我身上刻下的仇恨。我就是因为这些，才决定要参军的。当时雷锋在日记里写道："到会的一千多名战友以及家属都很同情我过去受的阶级苦和民族苦，都掉下了辛酸的眼泪，有许多同志自动站起来带领大家喊口号。"

2月2日，雷锋从营口到海城驻军某部作忆苦报告。翻开雷锋日记，证据清晰可见："今天我从营口乘火车到海城兄弟部队作报告，下车时，大北风刺骨的刮，地上盖着一层雪，显得很冷。我见到一位老太太没戴手套，两手捂着嘴，口里吹一点热气。我立即取下自己的手套，送给了那位老太太。她老人家望着我，满眼含着热泪，半天说不出话来。……一路上，我的手虽冻得像针扎一样，心中却有一种说不出的愉快。"不久后，雷锋又离开营口到抚顺继续执行施工任务。

一系列纪念活动在营口展开

1963年3月5日，毛泽东等老一辈无产阶级革命家发出"向雷锋同志学习"的伟大号召，把全国性的学雷锋活动推向高潮。6日，时任沈阳军区司令员陈锡联上将将毛泽东等老一辈无产阶级革命家的题词（放大件）赠予雷锋生前所在运输连。8月15日，沈阳军区在营口纺织厂俱乐部隆重举行雷锋逝世一周年纪念大会。中国人民解放军工程兵司令员陈士榘上将、沈阳军区副司令员曾思玉中将、共青团中央书记处书记杨海波、辽宁省委书记处书记白潜及营口市委第一书记陈一光等出席会议并讲话。

同日，为了纪念雷锋同志的光荣事迹，沈阳军区驻营口工兵第十团在营口创建了"雷锋纪念馆"（今营口市高中东侧天主教堂对面），纪念馆正中悬挂着毛泽东、周恩来、刘少奇、朱德、邓小平等党和国家领导人的题词，纪念馆大厅安放着雷锋同志的塑像，馆内摆放着雷锋的照片、奖状、证书和日记本等大量遗物，反映了雷锋平凡而伟大的一生（其中一些极具珍贵历史价值的展品，后来被移到抚顺雷锋纪念馆）。

2001年6月15日，《人民日报》发表了傅庚辰同志的《我写〈雷锋〉影片主题歌》一文，作者讲述了1963年末到营口创作主题

1963年1月21日，时任沈阳军区司令员陈锡联上将将"雷锋班"锦旗授予雷锋生前所在班战士

1963年1月21日，沈阳军区在"八一剧场"隆重举行"雷锋班"命名大会。会上，沈阳军区司令员陈锡联上将宣读了国防部命令，副政委杜平中将讲了话。雷锋生前所在班全体战士专程从营口赶到沈阳接受这一崇高荣誉

歌的经过："寒冬季节我带着写成的词曲来到东北营口'雷锋班'生活，五次采访雷锋生前指导员高士祥、两次采访与雷锋一起当过工人又一起当兵的乔安山，多次参加班务会，听战士们介绍雷锋的情况……特别是多次参观雷锋所在连队那三间土房的'雷锋事迹陈列室'……苦思冥想费时两个多月自己作词写出了《雷锋，我们的战友》。"

1964年1月6日，沈阳军区工程兵部队在营口隆重集会，

纪念"雷锋班"命名一周年。时任沈阳军区工程兵部队主任夏克大校和雷锋生前所在部队政委韩万金作了重要讲话。他们赞誉了"雷锋班"在过去一年里所取得的成绩，号召广大官兵向雷锋同志学习，争做雷锋式的"五好"战士。

1965年2月28日，沈阳军区在营口隆重举行纪念毛泽东同志发出"向雷锋同志学习"号召两周年大会。时任沈阳军区副政委吴宝山少将、沈阳军区工程兵部队副政委邹平光大校、营口市领导及各界群众数千人参加了大会。吴宝山少将在讲话中强调，要继续深入开展向雷锋学习活动，让雷锋精神进一步发扬光大。3月5日，由八一电影制片厂拍摄的电影《雷锋》，在营口举行首映式，并开始在全国放映。营口市从工厂到农村，从机关到学校，出现了一个"看《雷锋》、学雷锋"的热潮。

1966年3月5日，雷锋生前所在部队在营口隆重集会，纪念毛主席发出"向雷锋同志学习"伟大号召三周年。部队政委葛占勋总结了部队三年来响应毛主席"向雷锋同志学习"的伟大号召，开展向雷锋同志学习活动所取得的成绩。"雷锋班"代表杨冬顺（"雷锋班"第五任班长）在会上汇报了他们班三年来向雷锋学习的情况。沈阳军区工程兵部队政委王从舟在讲话中要求部队，积极响应军区发出的"更加深入持久向雷锋同志学习"的号召，把雷锋精神发扬光大。

1971年2月，工兵第十团奉中央军委命令，遵照毛主席"已经获得革命胜利的人民，应该援助正在争取解放的人民的斗争"的教导，满怀热情地奔赴老挝，积极支援老挝人民抗美救国斗争，执行筑路施工任务。1973 年，工兵第十团圆满完成筑路任务，从营口调防到吉林省集安县，"雷锋团"驻营口的留守处随后也调防到集安市。从此，"雷锋团"才正式离开营口市。

宣传雷锋应该是完整的

今天我们重温这段历史，是继续贯彻党的二十大精神、推进精神文明建设的重要选择，更是我们的历史责任。

雷锋是全国人民的雷锋，雷锋精神是中华民族的宝贵财富。正如 2018 年 9 月 28 日，习近平总书记在抚顺市雷锋纪念馆参观时指出的那样："雷锋是时代的楷模，雷锋精神是永恒的。实现中华民族伟大复兴，需要更多时代楷模。我们既要学习雷锋的精神，也要学习雷锋的做法，把崇高理想信念和道德品质追求转化为具体行动，体现在平凡的工作生活中，作出自己应有的贡献，把雷锋精神代代传承下去。"

实事求是是我们党的优良传统，在与时俱进的今天，我们有责任让雷锋的经历是真实完整的。通过翻阅与雷锋有关的原始资料，我们可以发现宣传雷锋的书籍、报纸和杂志很多，但提及营口这个地方的却很少。即使在介绍雷锋传记的书中，营口这两个字也是寥寥无几。即使在重要的雷锋纪念建筑物里，连雷锋入伍到营口及一系列纪念活动在营口举行的重要史实也几乎被忽略了，甚至展出的雷锋生平里都很难找到"营口"二字，从而使不了解历史的人们产生了雷锋入伍就直接到了抚顺的错觉。有的文

100

章还将雷锋入伍到营口的史实写成了雷锋入伍直接到了抚顺。虽然在纪念毛泽东等老一辈无产阶级革命家发出"向雷锋同志学习"号召 27 周年的时候，中共营口市委党史研究室在《营口党史》上发表了《雷锋在营口》的史实资料，同时《营口日报》和《营口党史》还分别发表了《营口市开展学雷锋活动回顾》一文，整理了雷锋在营口期间写下的日记，但没有产生强有力的宣传效果。实际上，应让世人了解雷锋在营口的故事，让全国人民了解一个真实完整的雷锋。

总之，营口和鞍山、辽阳、抚顺一样，都是雷锋的第二故乡，这是确定无疑的。雷锋和"雷锋班"虽然离开了营口，但雷锋精神却一直也没有离开营口。从 20 世纪 60 年代开始，雷锋和"雷锋班"的光辉事迹一直激励着一代又一代营口人在人生的道路上奋进。营口人不仅铭记着雷锋的名字，而且还让雷锋精神永驻营口。多年来，以雷锋为榜样，关心集体、无私奉献的好人好事接连不断，见义勇为、助人为乐的新人新事层出不穷。营口人民的学雷锋活动始终伴随着历史的车轮，滚滚向前，一刻也没有停息，而且将一直持续下去……

"雷锋班"诞生在营口

1962 年 8 月 15 日，驻营口工兵第十团运输连二排四班班长、伟大的共产主义战士雷锋在抚顺执行施工任务时不幸牺牲，年仅

22 岁。雷锋生前所在部队的干部战士悲痛万分，开始通过各种形式追思雷锋生前的件件往事，缅怀雷锋的光辉业绩。此后，雷锋生前所在班全体战士在雷锋精神的影响和激励下，处处以老班长雷锋为榜样，勤奋工作争先进，助人为乐做好事，无论是在思想作风建设，还是在业务建设上都表现得非常出色，给营口人民留下了深刻的印象和不朽的雷锋精神。

雷锋生前所在班被国防部授予"雷锋班"荣誉称号

1962 年秋，雷锋生前所在工兵第十团完成施工任务，从抚顺返回驻地营口。这期间，沈阳军区政治部召开党委会，专门研究了"如何继续把雷锋这面旗帜举下去"的问题。会上提出了将雷锋生前所在的四班命名为"雷锋班"的设想。政治部党委认为，为了鼓励全军区官兵向雷锋同志学习，让雷锋精神永放光芒，应当报请沈阳军区党委讨论。沈阳军区政委赖传珠上将主持召开了党委常委会议，决定呈请国防部批准命名雷锋生前所在班的"雷锋班"的荣誉称号。

12 月 16 日，雷锋生前所在部队在营口市职工俱乐部（后改为第一工人文化宫）举办了"雷锋事迹展览"。展览详细介绍了雷锋短暂而光辉的一生。全市先后有 2 万多人参观了展览。这次展览掀起了全市学习雷锋活动的高潮。营口日报和营口人民广播电台为了配合这次展览，采访了雷锋生前所在班的战友，并发表了《雷锋在党的生活中》《忠实的人民勤务员》《雷锋日记摘抄》

等内容，大力宣传雷锋事迹。

1963 年 1 月 7 日，中华人民共和国国防部同意了沈阳军区党委的呈请报告，批复驻营口工兵第十团运输连四班的"雷锋班"荣誉称号。1 月 21 日，沈阳军区在沈阳"八一剧场"隆重举行"雷锋班"命名大会。中国人民解放军总参谋长罗瑞卿大将，沈阳军区司令员陈锡联上将、政治委员赖传珠上将和中共中央东北局第一书记宋任穷为"雷锋班"题了词。陈锡联上将、曾思玉中将、曾绍山中将、刘转连中将、杜平中将等军区领导出席了会议。中共中央东北局候补书记强晓初、共青团辽宁省委副书记朴景安应邀出席大会。运输连二排四班全体战士专程从营口赶到沈阳参加会议。会上，陈锡联司令员宣读了国防部的批复，并将一面绣着"雷锋班"金色大字的锦旗授予雷锋生前所在班。雷锋生前所在班全体战士在热烈的掌声中走上主席台，接受了这一崇高荣誉。军区副政委杜平中将在大会上讲话："现在雷锋同志虽然不幸牺牲了，但他的名字不仅留在了四班，而且将永远留在我们大家的心里。希望四班全体同志珍视自己的荣誉，永远以雷锋同志为榜样，把雷锋同志的一切优秀品质都接过来，传下去，变成雷锋同志的特点和作风。"会后，与会的军区首长亲切接见了"雷锋班"的全体同志，并同他们合影留念。

23 日，驻营口工兵第十团在营口火车站广场举行欢迎大会，欢迎参加沈阳军区举行的国防部授予"雷锋班"光荣称号命名大会归来的"雷锋班"全体战士。部队首长和营口市领导在讲话中希望"雷锋班"全体战士，发扬雷锋精神，做雷锋式的好战士。

夏历丙午年二月二十　星期五　营口日报

雷锋班在吕王

宋振萃

"喂，你是七一大队吗？请你告诉五队的王保全同志，今天午后雷锋班同志到咱公社来，让他十二点钟赶到公社。"营口县吕王公社党委秘书张庆元同志怀着兴奋的心情，用电话通知各队来参加座谈会的同志。

一九六三年三月，毛主席发出了"向雷锋同志学习"的伟大号召，全国各地展开了向雷锋同志学习运动，沿着雷锋成长的道路不断前进。吕王人从报纸上看到雷锋和他那动人的事迹，受到很大教育和鼓舞。今天，听说雷锋班的同志要到吕王来，怎能不叫人心情激动呢？那些正在田间紧张劳动的青年们，听到喜讯以后，乐得嘴都合不拢，顾不得吃午饭就跑到了公社，等待雷锋班的战士们的到来。

正当大家谈论怎样向雷锋同志学习的时锋班的战士们驾驶着雷锋生前驾驶的汽车来到了吕王。"啊，这回可来了。"人们嚷着，笑着，绽开面庞。汽车在公社院子里一停下，吕王公社党委书记徐树刚同志拿着雷锋的照片，从汽车驾驶楼里跳出来，瞧瞧雷锋的照片，望望雷锋班的战士，看看那些来迎接雷锋班的吕王先进人物，心想：这是多么好的年青一代啊！他乐得脸上的笑纹都开了。

下午两点钟，雷锋班的战士同吕王的先进人物一起进行了座谈。雷锋的笑脸，回荡着会的每个同志。大家看着雷锋的像，想着雷锋日记和他那平凡而伟大的事迹，谁也不肯说出自己的成绩。你推我，我推你，都想从别人身上学点东西。没办法，党委书记徐树刚同志只好施行他的"权力"，"命令"吕王公社生产队长中的一面旗、王保全仔细地把贫下中农代表会议发给他的一本套着红塑料皮的《毛泽东著作选读》本揣在怀里，环视着雷锋班的所有同志，好长时间才开口，"我做的很差劲儿，咱当农民的一定当愚公，和吕王的石头斗争一辈子，为国家多打粮食。"曾经出省学习毛主席著作积极分子大会的李树然同志，回忆着雷锋班的苦难，想着雷锋的事迹，看着雷锋班的战友，对照检查了自己，表示自己的决心。雷锋班对吕王以愈没有伟大在大家的迫切要求下讲了话。他说，"雷锋班永远是我们学习的伟大的共产主义战士，最根本的一条讥是他能活学活用毛主席著作的，读毛主席的书，听毛主席的话，照毛主席的指示办那，我们班决心把雷锋的革命精神接过来，传下去……"座谈会开得亲切、生动，大家互相学习，互相鼓励，互表决心。

座谈会一直开到晚上六点钟，雷锋班同志因为有任务，当天要返回驻地。吕王人与雷锋班的同志恋恋不舍地握手道别。汽车的前灯灿然明亮起来，映照在雷锋自驶的大道，反射出璀璨的光芒，汽车沿着吕王的山路急驶而行……

雷锋班同志走了，雷锋的革命精神却留在吕王。前来欢迎欢送的人对徐树刚说，雷锋班满载着雷锋精神开进咱吕王，咱们一定要象雷锋班那样活学活用毛主席著作，用愚公移山的革命精神改变吕王山区的面貌！

英雄的颂歌　光辉

——评剧《阮文追》观

荆锐

1966年3月，《营口日报》发表了《雷锋班在吕王》的署名文章，介绍了"雷锋班"战士在营口县（今大石桥市）吕王公社（镇）召开座谈会的情况

2月2日，营口市党政军各界在营口纺织厂俱乐部隆重集会，祝贺雷锋生前所在班荣获国防部授予的"雷锋班"光荣称号。市委、市政府、驻军首长和机关干部1500多人在主会场，其他各界5万多人在分会场收听了大会实况。市委书记处书记张汇东代表市

委在会上作重要讲话，副市长陈建德向"雷锋班"授予了锦旗，少先队员向"雷锋班"战士敬献了大红花，表达了营口人民对"雷锋班"战士及驻军部队的深情厚谊。

1963年1月，"雷锋班"战士到营口市郊区（今老边区）路南公社参加农业生产劳动

巡回讲雷锋 带头做雷锋

1963年2月8日，市总工会、营口军分区、团市委根据市委通知精神，在市职工俱乐部联合举办了"雷锋生前事迹展览"，用大量实物和照片介绍了雷锋闪光的一生。全市有8万人参观了展览。为了配合这次展览，"雷锋班"战士应邀到市内各单位作

1963 年 1 月 22 日，参加"雷锋班"命名大会归来的"雷锋班"战士在驻营口工兵第十团俱乐部前合影留念

1963 年 8 月，"雷锋班"战士给营口的小朋友讲雷锋的故事

雷锋事迹报告，有 4 万多人受到了教育。与此同时，全市还召开了学习雷锋广播大会，请"雷锋班"战士介绍雷锋的事迹。很快，全市掀起了学习雷锋活动的热潮。与此同时，"雷锋班"班长张兴吉、战士于泉洋还参加了辽宁省"雷锋事迹报告团"，在省内巡回作报告，有 200 多万人受到了教育。

1963 年八一建军节这天，毛泽东主席打破了据说他"历来不看话剧"的习惯，在周恩来总理、罗瑞卿总参谋长的陪同下，在中南海礼堂观看了沈阳军区抗敌话剧团演出的五幕八场话剧《雷锋》，并登台同全体演员合影留念，充分反映了毛主席等党和国家领导人对宣传学习雷锋活动的高度重视。毛主席观看话剧《雷锋》的消息传到"雷锋班"后，极大地鼓舞了全班战士，大家纷纷表示要继续以老班长雷锋为榜样，让雷锋精神在"雷锋班"发扬光大。此后，他们深入到工厂、农村、机关、学校和街道，大力宣讲雷锋的事迹，谈自己学习雷锋的体会，将全市学雷锋活动再次推向高潮。

8 月 15 日，沈阳军区在营口纺织厂俱乐部隆重举行雷锋逝世一周年纪念大会。中国人民解放军工程兵司令员陈士榘上将、沈阳军区副司令员曾思玉中将、团中央书记处书记杨海波及营口市委第一书记陈一光等出席会议并作重要讲话。"雷锋班"班长张兴吉在会上汇报了"雷锋班"在雷锋精神鼓舞下，团结一致，圆满完成各项工作任务的情况。他表示，要在党的领导下，更好地继承与发扬雷锋精神，保持荣誉。当天，营口的"雷锋纪念馆"正式开馆，馆中除了进行雷锋事迹展览以外，还以大量的照片和实物，反映了运输连特别是"雷锋班"战士的模范事迹。"雷锋班"战士还在馆中当讲解员，介绍雷锋的光辉事迹。这次展览极大地鼓舞了"雷锋班"战士学习雷锋班长、争做"活雷锋"的信心。

"雷锋班"战士不但自己讲雷锋，而且还带头做雷锋。一天晚上，原营口县水源公社同志沟大队女社员张秀芬腹腔严重出血，生命垂危，急需输血400毫升。此时，正在营口纺织厂俱乐部观看京剧《杨家将》的"雷锋班"战士听到后，立即赶到市医院为患者输血，挽救了农妇的生命。还有一次，"雷锋班"战士刘东明在驾驶汽车执行任务途中，突然发现前面有个抱小孩的妇女向他招手，刘东明立即停下车，用汽车把大嫂和发高烧的孩子送到医院，还跑前跑后帮助找医生救治，使孩子转危为安。在雷锋精神的鼓舞下和"雷锋班"战士的带动下，营口地区还涌现出张怀勤、刘秉学、施淑芳、周秋菊、史忠琴、王书宽等学雷锋先进典型216名，学雷锋小组3911个，"五好"青年万余名，促进了营口市学雷锋活动向纵深发展。

1964年1月6日，雷锋生前所在部队在营口隆重集会，纪念"雷锋班"命名一周年。沈阳军区工程兵部队主任夏克大校到会并作重要讲话。同日，《营口日报》发表长篇通讯——《沿着雷锋的道路不断前进——记"雷锋班"的事迹》，介绍了"雷锋班"战士一年来无论走到哪里，都把雷锋精神带到哪里及他们像雷锋班长一样"出门一千里，好事一火车"的事迹。

自"雷锋班"命名以来，慰问信、表扬信、感谢信经常像雪片一样飞到连队里。印度尼西亚首都雅加达一所中学里的一位华侨学生，听到雷锋的事迹后，立即写下一封信，寄给雷锋生前的战友，表达了一个海外华侨的心愿。还有许多人把心爱的礼物赠送给"雷锋班"战士，用来表达对雷锋的敬仰之情。四川省甘孜藏族自治州第三初中的藏族学生寄来了特殊的礼物——哈达；北京市第三十四中学某中队的少先队员精心制作了两本手册，一本赠给了"雷锋班"，请他们把模范事迹记在上面，一本自己留下，作为自己中队的光荣簿，以互相勉励。

学习军事技术 练就过硬本领

雷锋精神极大地激发了"雷锋班"战士的工作热情，对他们起到了巨大的教育和鼓舞作用。"雷锋班"11 名战士个个都像雷锋那样，处处以雷锋为榜样，使雷锋精神发扬光大。1964 年，"雷锋班"补充进来的新兵，在训练中遇到一些困难。"雷锋班"第二任班长庞春学主动把新战士带到雷锋生前开过的汽车前，组织大家重温雷锋日记中的一段极富哲理的话："斗争最艰苦的时候，也就是胜利即将来到的时候……"

在训练中，全班战士个个以雷锋为榜样，从战时最困难的情况着想，选择最困难的地形和最恶劣的气候进行训练。春天，冰雪融化的季节，他们就把训练场地选择在没膝深的沼泽地。为了锻炼驾驶汽车爬坡的能力，驻地没有山，他们就一锹一镐、一筐一担地堆起一座小山，昼夜训练。战士在练习驾车过窄道桥时，多次都没能成功。但他们不灰心，失败了再重来。全班战士起早贪黑，经过数百次的反复练习，终于熟练地掌握了通过窄道桥的技术，为适应未来战争要求打下了良好的基础。在雷锋精神的鼓舞下，他们进行了许多难度较大的训练，都取得了优异成绩，连续四年保持了"四好班"的荣誉称号，并荣立集体三等功。经过一个时期的艰苦训练，"雷锋班"的战斗力更强了。连队干部称赞他们是全连的火车头，战友们称赞他们是革命的"活雷锋"。

在执行施工任务时，"雷锋班"的战士时刻不忘雷锋班长的话："自己活着，就是为了使别人过得更美好。"他们关心别人胜过关心自己。冬季挖渠时，地两头化冻少，他们就主动抢着去干；整理田埂时，他们主动把好的工具让给其他班；插秧时，他们主动要求到芦苇最多的地方干。

1965年2月28日，沈阳军区在营口市隆重举行纪念毛泽东同志发出"向雷锋同志学习"号召两周年大会。沈阳军区副政委吴宝山少将，沈阳工程兵部队副政委邹平光大校，市委书记处书记、市长张振华出席会议并讲话。"雷锋班"第三任班长于泉洋在会上汇报了全体同志发扬雷锋精神的事迹，并代表全班战士表示：一定要遵循毛主席的教导，坚持不懈地"向雷锋同志学习"，刻苦学习军事技术，练就过硬本领，继承和发扬雷锋的革命精神。这次会议更加坚定了"雷锋班"全体战士学习雷锋的信心。

继承"传家宝" 创造新荣誉

中国人民解放军海军原副政委冷宽中将（雷锋生前所在部队

政治处秘书）在回忆中说，雷锋牺牲后，我按照上级要求，在雷锋遗物中选出十件"传家宝"，即：雷锋生前读过的毛主席著作，带领全班制订的创"四好"计划，亲手开过的汽车，用过的冲锋枪和教练手榴弹，系过的红领巾，穿过的雨衣，以及节约箱、针线包和理发推子。这十件"传家宝"同雷锋的光辉思想和先进事迹一起，闪烁着雷锋同志平凡而又伟大的共产主义风格，成了"雷锋班"的精神财富，同时也刻记着"雷锋班"创造的新荣誉。

雷锋生前曾在 13 号车的驾驶室里写下了"十快九出事"的引车警语。当时还是战士的于泉洋爱开快车，自从他接过 13 号车的方向盘，每当看到这五个字，就想起了雷锋班长。开起车来也就格外稳重和小心，每次出车都安全地完成了任务。1963 年 10 月的一天，于泉洋从营口开着雷锋的 13 号车去抚顺执行任务。车刚开出不远，他发现公路旁停着一辆出了故障的"解放"牌汽车。他立即把车停下，跑过去帮助那位司机修理起来，并很快把车修理好。虽然他自己弄得满身油污，但心里却有一种说不出的满足。后来，连里为于泉洋安排了一位助手，叫刘东明。于泉洋在车上又像雷锋班长那样帮助刘东明，使他很快熟练掌握了驾驶技术。后来，于泉洋当选为"雷锋班"第三任班长。

"在工作上，向积极性最高的同志看齐；在生活上，向水平最低的同志看齐"的精神，在"雷锋班"里放出了新的光彩。不管哪年来到"雷锋班"的战士，人人都以继承雷锋艰苦朴素、勤俭节约的精神为荣，以讲究吃穿、奢侈浪费为耻。他们走到哪里，就把节约箱带到哪里，看到地上有一个螺丝钉、一块牙膏

1964 年 6 月，"雷锋班"班长张兴吉在雷锋驾驶过的汽车前，给营口市红旗小学学生讲雷锋的故事

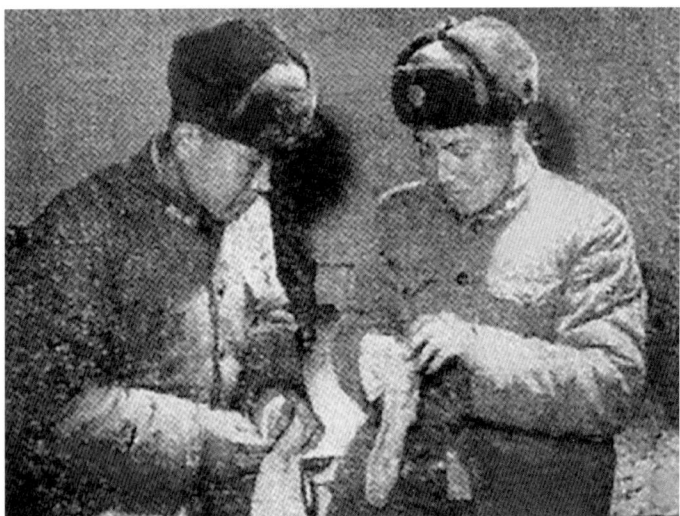

1965 年 3 月，驻营口工兵第十团运输连"雷锋班"班长于泉洋（右）和战士用雷锋遗留的针线包补袜子

皮、一点破布，都要捡起来放进节约箱。如果桌椅板凳或门窗坏了，他们就会马上动手，利用平时收集的材料把它们修理好。有一次，战士发现有辆车少了一个轴头螺丝，立即打开节约箱，果然找到了一个代用螺丝，保证了车辆按时外出执行任务。后来，战士们给节约箱起了个响亮的名字——"百宝箱"。

对于个人生活，他们更是简朴，每个人都练就了一手过硬的理发技术，他们不仅在班内互相理发，还抽空给全连官兵理发，而且经常到学校给小学生理发。凡是接触过"雷锋班"战士的人都说，雷锋虽然离开了我们，但雷锋精神却永远活在"雷锋班"里。

1965 年 1 月 7 日，是国防部授予"雷锋班"荣誉称号两周年的日子。这一天，几位"雷锋班"老战士即将退伍离开部队走上新的生产建设岗位，几位新战士来到了"雷锋班"。团长吴海山从老战士手中接过"雷锋班"的十件"传家宝"交给新战士。他语重心长地说，这十件"传家宝"，每一件都闪烁着雷

1965年3月，驻营口工兵第十团运输连"雷锋班"新战士杜学洪（中）帮助外班新战士学习毛主席著作

锋同志平凡而伟大的共产主义思想光辉，希望新来的同志要像爱护自己的眼睛一样爱护它，接过来，传下去，让雷锋精神代代相传，不断发扬光大！

此后的几年里，"雷锋班"连续执行训练、生产、施工运输等任务，出色地完成了上级首长交办的任务。他们走到哪里，就把十件"传家宝"带到哪里，就把艰苦朴素的作风带到哪里。

"雷锋班"离开营口

1971 年 2 月，"雷锋班"随驻营口工兵第十团奉中央军委命令离开营口，前往老挝执行筑路任务。1973 年，他们圆满完成筑路任务，并从营口调防到吉林省集安县（现吉林省集安市）。

从 1963 年 1 月"雷锋班"命名以来，到 1973 年奉命离开营口这 10 年间，"雷锋班"全体战士自觉以雷锋为榜样，发扬雷锋精神，多次受到上级的表彰和营口人民的称赞。报纸、电台多次宣传报道他们的先进事迹。《营口日报》发表了《雷锋精神在"雷锋班"》等多篇介绍"雷锋班"事迹的文章。营口的"雷锋纪念馆"里还以大量的照片和实物，反映了"雷锋班"战士认真学习毛主席著作、苦练杀敌本领、帮助群众、勤俭节约等方面的模范事迹。"雷锋班"连续多年被连队评为"四好"班，多人被评为"五好"战士。在荣誉面前，他们始终牢记毛主席的"虚心使人进步，骄傲使人落后"的教导，时刻提醒自己要像雷锋班长那样谦虚谨慎，不骄不躁，不断前进。每当报纸、电台宣传了他们的事迹，每当部队表彰了他们的工作，他们都要认真检查一下自己的工作，看看还有什么不足，还有什么地方需要努力。多年来，"雷锋班"战士始终走在营口市学雷锋活动的前列，是一个人人称模范、年年当先进的光荣集体。

如今，"雷锋班"虽然离开了营口，但他们仍然在平凡的岗位上，默默地实践着伟大的雷锋精神。愿营口人民与"雷锋班"战士相互勉励，携手并进，共同弘扬伟大的雷锋精神，让雷锋精神世世代代传下去。

"雷锋团"驻营口

1947 年 9 月 1 日，活动在晋南的地方武装襄陵县保安大队、武装民兵及翻身农民，在中共襄陵县委书记姚登山的主持下，组建了"襄陵独立团"，编为太岳军区十九分区四十五团，这就是雷锋生前所在团的前身。部队组建后，先后参加了太原战役、扶眉战役和入川剿匪战斗，为新中国的成立作出了贡献。1952 年，该部由步兵团改编为工程兵团，负责执行国防施工任务，归沈阳军区领导。1954 年，该团开赴辽东半岛一带执行国防施工任务，并由工程兵团改编为沈阳军区工程兵工兵第十团（即 7343 部队，1962 年秋改为 3317 部队）。

1958 年 9 月，根据中华人民共和国国防部命令，沈阳军区工程兵工兵第十团于 1958 年 11 月移防营口市。当时，团长为吴海山，团政治委员为韩万金，参谋长为李俊荣，政治处主任为张国民。

1959年2月，驻营口工兵第十团在盖县熊岳镇（今属营口市鲅鱼圈区）一带执行国防施工任务。

1960年1月8日，雷锋入伍后即到营口该团驻地。

1960年2月下旬，为了支援社会主义建设，经中央军委工程兵司令部批准，驻营口工兵第十团参加了抚顺钢铁厂扩建工程（即"751工程"）建设。接受任务后，部队陆续进驻抚顺瓢儿屯。此时的雷锋与战士业余演出队的战友共同在营口排练节目。节目排练结束后，为营口市群众进行了演出。4月7日，雷锋随战士业余演出队前往抚顺。

工兵第十团在抚顺施工期间，认真贯彻党的建设社会主义的总路线和"高速、优质、安全、低耗"的施工方针，提前并超额完成了施工任务，受到抚顺钢厂、抚顺市和国家冶金部的表扬。

1962年春天，工兵第十团分成三部分。一部分留守营口；一部分留守抚顺；一部分到铁岭执行"951工程"任务。雷锋带领全班同志和兄弟班的几个战友，远离连队，配属团后勤器材处，单独到铁岭下石碑山区执行国防工程的运输任务。

1962年8月15日，雷锋因公牺牲。

1962年秋，工兵第十团完成临时施工任务从抚顺、铁岭返回驻地营口。

1963年1月7日，驻营口工兵第十团运输连雷锋生前所在班被国防部授予"雷锋班"称号。

1963年3月5日，毛泽东同志发出"向雷锋同志学习"的号召，全国上下掀起了学习雷锋热潮。随着雷锋生前所在部队官兵处处以雷锋为榜样，大力弘扬雷锋精神，人们都习惯地称驻营口工兵第十团为"雷锋团"。

1963—1970年，驻营口工兵第十团先后在铁岭、朝阳等地执行国防施工和社会主义建设任务。

1971年2月，驻营口工兵第十团奉中央军委命令，遵照毛主席"已经获得革命胜利的人民，应该援助正在争取解放的人民的斗争"的教导，满怀热情地奔赴老挝，积极支援老挝人民抗美救国斗争，执行筑路施工任务。此时，归属昆明军区建制。

1973年，驻营口工兵第十团圆满完成筑路任务，回国归建到沈阳军区，直接调防到吉林省集安县（现吉林省集安市），"雷锋团"驻营口的留守处随后也调防到集安县（现吉林省集安市）。从此，该团正式离开营口市。

工兵第十团从1959年11月进驻营口市，直到1973年秋全团官兵和留守处移防至吉林省集安县（现吉林省集安市），长达15年。15年来，雷锋生前所在部队除1971—1973年出国执行援老（挝）抗美任务外（其干部休假期间返回营口），其他年份均是春天出去施工，冬天返回营口训练。由于雷锋生前所在部队发扬了拥政爱民的光荣传统，与营口人民结下了深厚的鱼水之情，为营口市的经济建设和精神文明建设作出了重要贡献。

第 五 章

亲历者对雷锋在营口的追忆

雷锋曾经批评我

——访"雷锋团"卫生连原司务长徐宝福

徐宝福，1939年10月出生。1958年入伍至沈阳军区驻营口工兵第十团。1959年入党。荣立三等功一次。1971年从连指导员岗位上转业，先后任营口市二轻局武装部长、工商局副局长等职。荣获营口市先进工作者称号。1992年11月退休。

2003年3月15日，营口市史志办的同志采访了"雷锋团"卫生连原司务长徐宝福，徐老意味深长地讲起了当年雷锋入伍及雷锋批评和帮助他的故事……

徐宝福照片

雷锋离开我们已经 40 多年了，回想起当年与雷锋在一起工作、学习、生活和战斗的日子，他那平凡而伟大的共产主义战士形象，再次呈现在我的眼前……

欢迎雷锋入伍

1960 年 1 月初的一天，新兵还没有到达驻地营口，团首长就到后勤处了解新兵吃、住、取暖等问题的安排情况。我当时是营房管理员，与团后勤处领导一起陪同团首长视察。团首长一边检查一边对后勤处的领导说，今年征召的新兵中有一位破格入伍的战士，他的名字叫雷锋，是一个苦大仇深、阶级觉悟较高，而且在鞍钢是一个非常优秀的先进工作者，是一个不可多得的好战士。我在一旁听了团首长的介绍后，开始对雷锋有了一点印象。

1 月 8 日，我与团后勤处的战友们一起到营口火车站去欢迎新兵。新兵走出站台后，迈着整齐的步伐，一副生龙活虎的样子。他们喊着响亮的"一、二、三、四"，向操场（原 212 医院内）行进。战士们整齐地站在操场上。团首长主持欢迎仪式，雷锋站在临时用油桶搭起来的简易讲台上，代表新战士发言。他说，我们新战士要勤学苦练，掌握杀敌本领，保卫伟大祖国，争取早日成为一名合格的军人。同时，我们还要向老战士学习，不辜负党和人民的期望。这是我第一次听雷锋讲话。

欢迎仪式结束后，雷锋和新兵们被带到部队驻地（今营口老港附近）。后来，雷锋被分配到运输连。由于我在后勤处，所以与雷锋直接接触的机会并不多。但在 1960 年冬至次年春，部队在营口开展冬训期间，雷锋在市职工俱乐部（现第一工人文化宫）、营口纺纱厂俱乐部和军人俱乐部等处，多次为我们和营口市民作"忆苦思甜"和"学习毛主席著作经验"报告。这些报告我都深深地记在心里，今天仍然记忆犹新。

雷锋批评我

1961 年初，我调到团卫生连任司务长。部队在从营口到抚顺执行扩建钢厂任务期间，卫生连与运输连正好是邻居。这期间，我们时常看到雷锋钻到汽车底下保养汽车，有时还把散落在车厢板上的水泥用扫帚归拢到一起，并用袋子装起来。有一次，我问雷锋："雷锋，你把散落的水泥收起来干什么用？"雷锋回答道："这水泥还能用啊！扔掉多可惜呀！现在国家正处在困难时期，能节省就要节省。即使将来我们国家富有了，也不能随便浪费呀。"听了他的一番话，我的脸红红的。雷锋的个子虽然很矮小，但他的精神是高尚的，他这种艰苦奋斗的精神，值得我永远学习。

1962 年 4 月前后，我们部队配合兄弟部队执行国防施工任务。当时团后勤处一部分同志、卫生连全体官兵和雷锋所带的四班（这时雷锋已经是四班班长）战士，一起负责后勤保障工作。当时后勤处没有士兵灶，四班的战士与我们卫生连在一起就餐。雷锋还临时到我们炊事班过党组织生活。我当时任党小组长，负责组织炊事班的党员活动。

　　卫生连的同志有事时忙一阵，平时工作相对比较轻松。可我们炊事班的战友与他们相比，工作就显得辛苦很多。要管全体人员的一日三餐，同时还要喂猪，活又苦、又脏、又累，有时还受累不讨好。因此，部分战士有意见，思想也不稳定。雷锋发现这一现象后，就让我把炊事班的战士集中起来，由他给大家讲毛主席的《为人民服务》和《纪念白求恩》。他说张思德烧炭是为了革命，白求恩为了中国人民的解放事业，不远万里来到中国，也是为了革命。我们干革命工作没有高低贵贱之分，只是分工不同。记得在一次党小组扩大会议上，雷锋对战士们说，在和平年代军医和卫生员是轻松了一些，但若是到了战争年代，他们就比我们显得重要得多了，他们用手术刀不知能挽救多少伤病员的生命。今天，我们也不要小看炊事班的工作。如果我们工作不好，战友们就会吃不好。如果吃不好，就不能有一个强壮的身体。没有强壮的身体，就不能练就过硬的本领，就不能搞好国防建设。所以说，部队无论完成什么任务，都需要我们炊事班强有力的支持。部队所取得的每一项成就，都与我们炊事班战友的辛勤努力分不开。雷锋的这些有说服力的话，深深地教育了在场的每一位战士。大家纷纷表示，一定要向雷锋学习，做毛主席的好战士。

　　后来，雷锋一有空闲就到炊事班参加劳动。有时他还帮助大家择菜、切菜和打扫卫生。战友们看到雷锋不但靠讲道理教育大家，而且还用行动感化大家，都从心眼里感激和佩服他。同时也激发了大家做好炊事工作的信心和决心。从此，把饭做夹生、做焦煳饭的现象明显减少。当炊事班的同志听到卫生连的战友表扬大家饭菜做得香甜可口的时候，心里美滋滋的。就连住在卫生连里的伤病员们，也都竖起了大拇指，对炊事班的工作给予鼓励。

记得在一次党小组会上，雷锋还专门对我提出了批评。他说："你工作带头做得多，思想工作做得相对少。炊事班的思想问题多，与你平时思想工作薄弱分不开。你思想政治工作做好了，炊事班战士的干劲也就上来了。卫生连对炊事班的意见也就少了。你应该通过对大家的教育，让战士们树立全心全意为人民服务的思想，这样才能把队伍带好，把工作做好。"当时他还引用了一句极富哲理的话："一花独放不是春，万紫千红春满园。"听完雷锋的话，作为司务长、党小组长的我深感惭愧，炊事班战士没有被我理顺的情绪，却被雷锋用道理和行动给理顺了。此后，我在心里暗暗发誓，一定要向雷锋学习，把他做思想工作的经验学到手，运用好。

难忘诀别那一幕

1962 年 8 月 15 日，首长让雷锋到抚顺先把车做完保养，然后把炊事班需要的粮食拉回卫生连驻地。当天早晨 8 点多钟，我就到了位于抚顺市内的粮库，提前把所需的粮食准备好，等待雷锋来装运。原定下午 1 点钟左右装车。可是我们等到下午两点多钟，也没有看到雷锋开车过来。心想，可能是雷锋有其他任务还没有完成，再等一会儿吧！由于等得心烦，我就回到了望花区的临时营房打探消息。很快，我们听说雷锋出事了。

一位战士对我们说，中午雷锋指挥助手乔安山倒车时，不小心将晾衣服的木杆碰断了，木杆打中雷锋的头部，据说伤得挺重。现在雷锋正在望花区西部医院抢救呢！听到雷锋负伤的消息，我的心里一沉。然后立即跑到西部医院。当我们走进医院走廊的时候，大夫说无关人员一律禁止入内。在走廊里，我看到了另一侧的团后勤处处长孔繁茂、卫生连的军医罗叔岳正在紧张地忙碌着。运输连的副连长白福祖表情严肃地站在一旁。我们几个人看无法接近和了解抢救雷锋的进展情况，就又回到了营房。这天晚上，我一宿没合眼，心里一直惦念着雷锋的伤情和抢救情况。

第二天一大早，我们听到了雷锋牺牲的噩耗。当时，我再也无法控制自己的感情，泪水夺眶而出。炊事班的同志也都流下了热泪，有的战士甚至连饭都无法下咽。雷锋的遗体被拉回一营营部的办公室里，后移到望花区人民大礼堂。沉浸在无比悲痛之中的部队官兵，都要求为雷锋守灵。后来，部队决定由副排级以上干部为雷锋遗体站双岗守灵，半小时一换班……

8月17日，部队在抚顺市望花区人民大礼堂举行了隆重的雷锋同志追悼大会。上级机关首长和当地党政军领导及各界群众前来参加追悼会。由于当时国防施工任务特别紧张，除了运输连和新兵连全体战士参加外，其他各连队只是派部分代表参加。就这样，雷锋永远地离开了我们。

雷锋虽然离开了我们，但他的精神不死，雷锋精神一直在激励着我们奋进。

1971 年 1 月，我从部队转业到了营口。先后在营口锻压厂、造船厂、机床厂、二轻局、工商局等单位工作。但无论我走到哪里，都始终在平凡的工作岗位上实践雷锋精神，努力像雷锋那样热爱党、热爱人民，尽力去把有限的生命投入到无限的为人民服务当中去。在营口工作这些年，我也取得了一些成绩，但我却一直没有向别人说过我是雷锋的战友。因为我不想借雷锋让自己沾光，另外我也怕在工作上出现差错而给战友雷锋脸上抹黑。今天，我轻松了。因为我已经离开了工作岗位，我可以说是雷锋的战友了，我可以给后人讲雷锋的故事了。我要生命不息，宣传雷锋不止。

我教雷锋学开车
——访"雷锋团"运输连原副连长曹玉德

曹玉德照片

曹玉德，1934 年 1 月 18 日生于四川省渠县。1949 年 10 月参加中国人民解放军第六十二军。1950 年入党。曾任雷锋生前所在运输连副连长。1971 年 7 月转业至营口市辽无三厂，任保卫科长。荣立三等功两次，荣获优秀共产党员称号。1994 年 10 月退休。

2003 年 1 月 25 日，营口市党史办的同志在营口采访了曾教雷锋驾驶技术的"雷锋团"运输连原副连长曹玉德。他不无兴奋地讲起了当年亲手教雷锋开车的往事……

雷锋是1960年1月8日从鞍钢弓长岭矿入伍到营口的。起初雷锋在新兵连参加训练。一个多月后，新兵训练结束，领导考虑到雷锋在鞍钢曾开过推土机，就将他分配到运输连开汽车。

刻苦学习驾驶技术

当时，运输连驻地在今营口市人民公园对面。1961年移到今营口市天主教堂对面，那几间房子今天仍然保留着。"服从革命需要，革命需要我去烧木炭，我就去做张思德；革命需要我去堵枪眼，我就去做黄继光。"这是雷锋向组织表明的态度。雷锋到运输连后，首先学习驾驶理论。汽车专业理论教员王光祥负责对雷锋进行辅导。雷锋虽然有过开推土机的经历，但开推土机毕竟和开汽车不一样。这期间，雷锋刻苦学习驾驶理论，遇有不懂的问题，就向老战士请教。我们连队里的干部都非常喜欢他这种钻研精神，经常鼓励他努力学习。当时我是副连长，分管连队的技术工作，负责运输连新兵的整个训练工作。驾驶理论学完后，我们开始对新兵进行"原地驾驶"训练。所谓"原地驾驶"训练，就是把汽车架起来开，离合器可以照常运转，与正常驾驶的区别就是车轮子转，车却原地不动。最早指导雷锋"原地驾驶"的是班长薛三元。在由"原地驾驶"训练转入到"实地驾驶"后，我开始指导雷锋开车。所谓指导也就是雷锋开车，我们坐在副驾驶的位置上，指导他怎么开车。"实地驾驶"主要是在部队大院里转圈跑，后来是跑"8"字。这期间，雷锋虚心学习驾驶技术，经常向我、二排长陈永岳（转业后到营口液化气站工作）、班长薛三元和刘景凤请教。

新兵的驾驶技术熟练一些后，我们开始训练他们开车上路。当时主要是在比较平坦的路上跑。我和二排长陈永岳等轮流陪坐在雷锋和其他新兵身旁，告诉他们应如何用眼睛观察路面，用耳朵听周围声音，用手脚协调配合等经验。在平坦一点的路上跑，雷锋还是比较适应的，也不怎么紧张，我们连队干部对他驾车也比较满意。接下来，新兵们开始在坑洼不平的路上跑，汽车在行驶途中颠簸得很厉害，雷锋起初比较紧张，后来在我们几位老兵的鼓励下，他才慢慢地适应。最后一项训练科目是"城市驾驶"，路上车多、人多、道路不直不说，还有许多路口，需要新兵们有比较熟练的驾驶技术。由于有前一段的训练基础，雷锋驾驶得非常娴熟，没有出现任何意外。整个训练期间，我有近30次坐在雷锋身旁副驾驶的位置上指导他开车。

开始执行任务

当时，全团官兵的后勤给养都是由我们运输连负责拉运。我清楚地记得一次雷锋执行任务的情景。那是连队派雷锋到营口三粮库给团里运送给养，我就坐在他身边。当我看到雷锋一副自信的样子时，从心里喜欢这个只有 20 岁的小伙子。这期间，连队领导又交办了雷锋几次任务，他都圆满地完成了，大家对雷锋的进步都非常满意。

部队从营口到抚顺执行扩建抚顺钢厂任务时，与雷锋一起入伍的新战士乔安山做他的助手。他们俩开着苏联制造的"嘎斯51"型汽车，车号为 J7—24—13，即我们常说的 13 号车。雷锋与乔安山像亲兄弟一样，互相配合得非常默契。运输连在抚顺执行任务期间，主要是拉运钢材、水泥、木材等施工用的物资。一般的任务，大都是雷锋与乔安山共同完成。但若是跑长途，一般还是由我们几位老兵分别陪同雷锋完成。

当时，部队虽然在抚顺施工，但全团官兵的给养基本上都是由驻营口的团后勤处采购，运输连负责运送。给养主要有军用被服、劳动保护用品及施工器材等。运输连领导为了锻炼雷锋，经常派他驾驶单车从抚顺回营口拉运给养。但从抚顺回营口属于跑长途，每次都有老兵陪同雷锋跑。有一次，雷锋从抚顺回营口拉运给养，我坐在副驾驶的位置上。我看到雷锋的驾驶技术日渐熟练，就表扬了他。雷锋听后非常谦虚，表示自己还差得很远。说来也凑巧，途中汽车突然熄火了。雷锋立即跳下车，打开发动机盖检查故障。我也跟着跳下车，站在一旁看雷锋怎样处理故障。雷锋左看看，右摸摸，找了半天也没有找到毛病。这时，我告诉他，汽车常见的熄火故障有两种：一种是突然熄火，一种是缓缓熄火。如果是突然熄火，那一定是电路故障；如果是缓缓熄火，一般应是油路故障。雷锋听了我的话后点了点头，立即打开分电器，查找分火头。原来是分火头碎了。雷锋迅速地换了一个备用件。军车又继续向营口方向驶去……

返回营口冬训

1960 年秋末冬初，我们运输连调回营口参加冬训。冬训的主要任务是，到营口县（今大石桥市）境内的农村搞野外拉练。拉练的目的是检验车况，提高在山路及冰雪路面上驾驶车辆的技术。雷锋在拉练过程中，严格要求自己，认真查找车辆问题，刻苦钻研驾驶技术，不辞劳苦地保养汽车，从没有误过一次执行任务，而且还练就了一身驾车的硬功夫。

冬训期间，部队开展了"两忆三查"活动。由于旧社会让雷锋成为一个孤儿，雷锋开始在各个连队战士中作忆苦报告。在报告会上，雷锋声泪俱下地讲述了苦难家史，还把脊背和手上的伤疤给战友们看。他指着伤痕对战友们说，这些都是旧社会在他身上刻下的仇恨。他就是因为这些，才决定要参军的。战友们被他的痛苦经历打动，纷纷表示不忘阶级苦，牢记血泪仇，练好本领，保卫祖国。

大概是 1961 年 2 月末 3 月初，我们部队又前往抚顺继续执行任务。8 月 15 日，我被领导派到山西省大同市车管学校学习。没想到，一年后的 8 月 15 日，我突然接到雷锋牺牲的消息，我马上找到高大队长请假要回抚顺。高大队长考虑到学校马上就要考试，没有准我的假，我也留下了终生遗憾……

我陪雷锋作报告

——访雷锋生前战友沈成章

沈成章，1933 年 8 月 30 日生于四川省洪雅县。1949 年 11 月参加中国人民解放军第六十二军。1955 年入党。曾任雷锋生前所在部队团政治处俱乐部主任。1970 年 10 月转业至营口市仪器三厂，任宣传科干事（政工师职称）。1993 年 6 月退休。

沈成章照片

2003 年 3 月 15 日，星期六上午，营口市史志办的同志见到了几位如今生活在营口的雷锋生前战友，其中有当年数次陪同雷锋外出作报告，雷锋牺牲后又成为"雷锋事迹报告团"成员的沈成章。提起战友雷锋，沈老感慨万千，激动地讲起了他与雷锋之间发生的故事……

1960 年 1 月，雷锋入伍来到营口。这时我在驻营口工兵第十团政治处俱乐部工作。当年，在部队多次从营口外出执行施工任务期间，团政治处宣传股股长吴广信曾几次派我陪同雷锋外出作报告。今天想起陪同雷锋外出作报告时的情景，他那可亲、可敬、可爱的小战士的高大形象再次耸立在我的眼前……

第一次陪同雷锋外出作报告是 1961 年，当时部队从营口到抚顺执行施工任务。我陪雷锋来到抚顺市望花区的一所小学。雷锋给全校师生讲了全家人在"三座大山"的压迫下，父亲、母亲、哥哥和弟弟先后被吃人的旧社会夺去生命的过程。雷锋边讲边哭。当雷锋讲到自己小时候上山砍柴回来途中被地主婆用刀砍伤手时，已经泪流满面、泣不成声了。台下的师生被深深地感染了，整个会场哭声一片。我也被他童年时期的痛苦经历所打动，眼泪止不住地掉了下来。这时，学校的教导主任举起右臂高喊："不忘阶级苦，牢记血泪仇！"师生们与他一起高呼口号。这时，雷锋用手帕擦干眼泪，继续说道，是中国共产党领导的人民军队解放了他的家乡，使他上了学，戴上了红领巾，成为一名在党的阳光雨露滋润下健康成长的幸福少年。后来，他从老家湖南来到鞍钢参加建设，今天又成为一名光荣的解放军战士。雷锋说是共产党救他出了火坑，他打心眼里感谢党、感谢毛主席。

在回来的路上，我对雷锋说："你以后作报告时尽量不要一讲就哭，这样你的湖南口音加上你哭泣哽咽，别人就不容易听清楚你报告的内容了。"雷锋对我说："沈主任，你不知道，我只要一想起死去的父母兄弟，就控制不住自己的感情！"是啊！一个孤儿想起死去的四位亲人怎能不悲伤呀！这时我才真正体会到，他的哭泣是发自内心的。

在陪同雷锋外出作报告期间，我发现雷锋有一个秘密，即雷锋身上经常背着一个挎包。有一次，我好奇地打开他的挎包，竟然发现里面夹层的一侧有一本《毛泽东选集》，夹层的另一侧放着几块废旧牙膏皮（当时一只废旧牙膏皮可以卖两三分钱）。看后，我很纳闷，不知这是怎么回事。后来我才搞清楚其中的奥秘。原来是雷锋一有时间就把《毛泽东选集》拿出来学习，做到时刻用毛泽东思想武装头脑；挎包里的牙膏皮都是雷锋从路上捡来的，回到部队就放到节约箱里。攒够了就卖给收废品的。然后把用卖废旧牙膏皮换来的钱，买几本小人书和一些学习用品，送给学校里的小学生们，帮助他们学习知识和减轻学生家长的负担。当时正是三年困难时期，有的学生饭都吃不饱，更谈不上能买起学习用品了。

有一次，部队到铁岭执行国防施工任务。我陪同雷锋外出到某炮兵部队作报告。我们两在往炮兵部队赶路途中，恰巧赶上横道河涨水。横道河里的水虽然不是很深，但还是挡住了我们的去路。我呆呆地望着河水发愁。这时，雷锋摘下冲锋枪放到我的手里，然后背起我就往河里走。待我明白过来时，雷锋的双脚已经蹚进了水里。我只好用双手抱着冲锋枪，趴在他的背上。我被雷锋的行为感动得流下了激动的泪水，眼泪一滴一滴地掉在他的背上。雷锋这样一个只有一米五多一点的小战士，却背着我这样一个大个子军人。雷锋是一个多么好的战士呀！

来到炮兵部队后，雷锋讲了自己学习毛主席著作的体会，讲了自己是如何由一个苦孩子成长为毛主席的好战士的过程。报告在"向雷锋同志学习"的口号声中结束。战士们兴奋地把雷锋从地上托起，抛向空中，嘴里还不停地喊着："向雷锋同志学习！""向雷锋同志学习！"我担心万一把雷锋摔坏就不好向首长交代了，于是拼命高喊，让大家住手。可是战士们根本没有听见我的喊话，继续高兴地抛起雷锋。可见当时战士们是多么喜爱和崇拜雷锋啊！

1962年春节前后，团里成立了青年股，股长是姜治安。当时青年股抽调20多名战士，组建了战士文艺演出队。演出队要求青年股把雷锋调到演出队。一天，我陪同雷锋到望花区公园里排练作报告，即讲学习毛主席著作的体会。途中，我们俩一前一后边走边唠。突然我感觉雷锋没有回答我的问话。回头一看却不见了他的影子。我仔细往远处一看，发现雷锋站在一条沟里露着个脑袋。原来有一满载锅碗瓢盆进城的马车，不小心滑到了沟里上不来了。我赶忙跑过去。雷锋看到我高喊："沈主任，我一会儿就上去！"只见雷锋双脚站在冰水里，肩膀顶在后车板上，用力往外推车。就这样马车在雷锋与马车夫的共同努力下被拉上来了。看到雷锋的双脚已经湿透，并且双脚被冻得通红，我心疼得不知说什么好。这时雷锋却对我说："沈主任，20多人在等着我们，咱们快走吧！"

后来，这驾马车所属的生产队干部找到我们团里的首长，感谢部队培养了一名好战士。当领导询问雷锋经过时，雷锋却说是我命令他帮助马车夫的。首长听后把我好一顿表扬，说我让雷锋帮助农民兄弟的做法很好，号召大家向雷锋和我学习。不管我怎么解释是雷锋的个人行为，雷锋都说是我让他做的，首长还认为我谦虚，搞得我左右为难，哭笑不得。面对这样一个好战友，我真是羞愧难当。本来是雷锋自己主动做好事，却说是我命令他干的，把功劳给了我。而当时的我却本来应该与他一起帮助农民兄弟把车拉上来，但我却没有做。在他面前，我是多么的渺小啊！

在陪同雷锋作报告过程中发生的几件事深深地教育了我。同时也使我感到，雷锋不愧是一位伟大的共产主义战士、毛主席的好战士。从那以后，我处处以雷锋为榜样，学习他无私奉献、助人为乐的共产主义精神，在工作中也取得了一定的成绩，多次受到部队首长的表扬。雷锋牺牲后不久，部队完成施工任务从抚顺返回驻地营口，并组织了"雷锋事迹报告团"，我荣幸地成为八名成员之一。此后的一段时间里，我在营口地区作了60多场雷锋事迹报告，讲述雷锋的先进事迹，讲述雷锋毫不利己、专门利人的共产主义风格。每作一场报告，对我来说就在心灵上得到了一次升华，情操就得到一次陶冶……雷锋虽然离开我们多年，但他的精神和高大形象一直都活在我的心中。

追忆雷锋

——访"雷锋团"技术营原营部书记张时扬

张时扬，1938年11月4日出生，1957年4月毕业于武汉机械制造工业学校。1958年从沈阳七二四厂入伍至工兵第十团，

张时扬照片

曾任文化教员、营部书记、副指导员等职。1963 年 8 月，调沈阳部队工程兵干部处工作。后任工程兵某部政治处副主任等职。荣立三等功三次。1985年 3 月转业至营口市工作。1999 年 2 月退休。

营口市史志办曾聘任雷锋生前战友张时扬从事党史编研工作。在与他接触过程中，知道他曾与雷锋在同一支部队服役，并了解雷锋在营口的一些事迹。特意请他在史实方面给认真地把了关。2003 年 1 月 15 日，营口市史志办的同志来到张时扬的家，再次听他详细地讲起了雷锋入伍后在营口火车站等地是如何做好事，又是如何被发现的曲折故事……

　　我是 1958 年入伍的，比雷锋早两年。当时任驻营口工兵第十团技术营营部书记。我们与雷锋共同度过了 947 个日日夜夜，既亲眼见证了雷锋带着甜蜜的微笑走进军营的激动场面，又泪流满面地目送了雷锋因公牺牲而分别的悲痛瞬间。今天，947 个日日夜夜的情景再次闪现在我的眼前……

从新兵排"查出"雷锋

1960年1月8日，雷锋入伍来到营口。雷锋所在的新兵排就住在我们营部的小礼堂里。大约是部队把雷锋从营口火车站接到营房10天左右，便有一件意想不到的事情发生了。一天，我接到团部打来的电话，说营口火车站反映有一个没戴领章帽徽的小战士，星期天经常在营口火车站候车室里不声不响地打扫卫生，帮助旅客扛行李、抱小孩，搀扶老弱病残上下火车，使车站的工作人员和旅客很受感动，而且他做好事还不留名，要求部队"查出"这个战士给予表扬。团部要求我们一定要把这个小战士"查出来"，给予表扬。我放下电话，立即向技术营副教导员姜洪贵作了汇报。姜副教导员听完汇报，当即命令我到新兵排"查出"这个小战士。我到新兵排没费太多周折，"查出"了这个小战士就是雷锋。

我回到营部向营首长汇报了"查出"雷锋的经过。随后，又向团部作了报告。从此，雷锋的事迹在新兵排、技术营和全团官兵当中逐渐传开。雷锋做的这些正如他在日记里写的一样："我出生在一个很贫穷的农民家庭，在旧社会受尽了折磨和痛苦。参军以后，我在党的培养教育下，深深懂得了社会主义的今天是由无数革命先烈和战友的艰苦奋斗、英勇牺牲得来的。从我参加革命那天起，就时刻准备着为了党和阶级的最高利益牺牲个人的一切，直至最宝贵的生命。"这说明，雷锋入伍后即做好事是与他心中的理想分不开的。

一个多月后，新兵训练结束，雷锋被分配到运输连。

带病到工地干活

1960年3月，我们部队奉命从驻地营口到抚顺望花区执行扩建抚顺钢厂的任务。到抚顺后，运输连归技术营代管，而且我们两家营房还相邻。记得在一个星期天下午，我刚参加完技术营和三营共同举办的篮球友谊赛，便回到宿舍躺下休息。忽然，听到由远而近地响起一阵锣鼓声。我们营部的同志都跑出来看热闹，只见眼前有几个工人师傅敲打着锣鼓，其中一个工人师傅手里举着用大红纸写成的表扬信。我上前一打听才知道，原来是表扬雷锋在抚顺市第二建筑公司一工区本溪路小学工地上帮助建筑工人运砖、推沙子、搬水泥的事。雷锋在工地上干得汗流浃背，工人师傅们给他水喝，他不要；问他姓名，他不讲。直到收工时，雷锋才穿上军装往回走。工人师傅们看到他穿着军装，而且衣服领章上还有汽车头符号，逼着雷锋说出自己的部队住址，雷锋看不说实话走不了，才勉强说出了自己的名字。由于雷锋帮助工人师傅们干活，加快了他们干活的进程，使工地的领导和师傅们非常感动，大家一致要求感谢部队培养了这么好的战士。

我了解了情况后，因当时营首长不在家，只好带着几位工人师傅敲着锣鼓，拿着表扬信向运输连走去。我们几个人还没有走到运输连连部，运输连的连长和指导员就被一阵高过一阵的锣鼓声惊动，俩人已经站在了连部的门口。我上前向连首长介绍了雷锋做好事的情况。连长说，雷锋早上说肚子疼，请假到卫生连看病去了，怎么会到工地参加劳动呢？指导员对身边的通信员说，赶快把雷锋给我叫来。当通信员把雷锋叫到连部时，从工地来的几位师傅立即异口同声地喊了起来："就是这个雷锋，就是他。"雷锋还没等连首长说话，就红着脸说："早晨我因肚子疼请假去卫生连看病，回来的途中被工地上工人师傅热火朝天的劳动场面深深地吸引住了。特别是我听到工地上的广播里说，施工现场的砖供应不上时，就情不自禁地走进工地帮助他们推小车拉砖，渐渐地把肚子疼的事儿也给忘记了，直到与工人师傅们收工。这才想起看病的事儿，但感觉肚子已经不疼了，而且请假的时间也快到了，只好返回部队。"连首长听雷锋讲完事情的经过，带着关心的语气批评了雷锋没有去卫生连看病的事儿。然后收下表扬信，送走了工人师傅。

优秀的文化辅导员

1960 年，部队的学习文化活动已经兴起，扫除文盲成为部队的一项重要工作。由于雷锋是高小毕业，当时在战士们眼中属于"文化人"。因此，他被选为运输连的文化辅导员。我是营部书记兼文化教员，经常到各连了解情况，亲眼看到了雷锋热爱连队业余文化辅导员工作，诚心诚意地帮助战友学习文化知识的事迹。雷锋平时为了方便战友读书学习，经常利用自己的津贴费，买来一些政治、文化和技术方面的书籍，然后装到随身携带的挎包里，供大家学习。书渐渐地多起来，挎包已经装不下了。于是，雷锋就做了一个小书架，战友们可以随看随借。雷锋负责的战士中有文化程度在全连最低的，有的甚至还是文盲。一部分战士一提到学习文化知识就头疼，一点儿学习劲头也没有。雷锋看在眼里，急在心上。他认为，一名解放军战士如果没有文化，怎么学习和掌握军事知识，将来怎么保卫祖国呀！于是，他耐心细致地给大家讲学习文化知识的重要性，要求大家端正学习态度，给大家讲授学习的方法和技巧，鼓励战士用"挤"和"钻"的"钉子精神"去学习文化知识。

在语文学习中，雷锋辅导的战士学习进步都较快，而且平均分都在 90 分以上，乔安山还得了 100 分。但当到了学习算术时，雷锋辅导的小组里有的战士就不爱学了，因为他们的算术基础太差，而且算术还比语文难学，一些人打起了退堂鼓，说什么"白天没时间""业余时间要休息"。看到此情此景，雷锋并没有气馁。为了提高大家的学习信心和勇气，雷锋买来了有关英雄故事的书籍给大家看，鼓励大家要向英雄人物学习，学习他们在困难面前不罢休的精神，增强了大家战胜困难的决心和信心。接着，雷锋给战友们讲自己学习中的体会，教大家克服困难的方法。他还买来钢笔、笔记本等学习用品送给大家，用感情激励他们好好学习，战胜困难。雷锋的实际行动终于打动了战友们的心，大家开始刻苦学习了。雷锋高兴极了，他利用一切可以利用的时间为大家辅导。战友们遇到问题也虚心向雷锋请教，不放弃一个问题。经过一段时间的努力，雷锋和战友们的努力终于得到了回报。这个全连文化较差的学习小组最终跨入全营的前列，受到了营首长的表扬。雷锋也被评为全营的优秀文化辅导员。

"这是我一生最大的幸福"

1958年11月中旬，时任后勤修理所修理工的我随部队最后一个梯队，从大连地区到营口市驻防。12月1日，我被调到技术营营部任文化教员。当时技术营驻在市区东部的牛家屯。雷锋应征到营口后，就住在技术营营部的小礼堂里，每天我们都能看到新兵们在操场上刻苦训练的身影。可以说，由于我的工作原因，与雷锋认识较早、接触较多，也比较熟悉。雷锋踏进军营后发生的几个小故事，时常浮现在我的眼前……

1960年1月8日，雷锋从辽阳应征入伍到了营口市。当天，团首长组织官兵代表到营口火车站欢迎新战士到来。我作为技术营的老兵代表之一，参加了团里举行的欢迎新战友入伍大会。当时，我既看到了雷锋和新战士欢天喜地地走下火车的动人情景，又看到了全团官兵热烈欢迎新战友的感人场面。欢迎大会结束后，我跟着技术营副营长阜右东、参谋徐仁祁等技术营的官兵代表，带着雷锋他们新兵排的战士从火车站返回营房。当时，雷锋特别引人注目，因为他个子小，穿着的新军装显得又肥又大，他手里还提着个皮箱子。走在队伍最后面的雷锋脸上洋溢着幸福的微笑，昂首挺胸，跟在其他战士身后向前走着。

正当我聚精会神地观看每个新战友行进时，突然前面响起了一阵热烈的锣鼓声。欢迎新战友到来的口号声此起彼伏，场面特别热烈。我抬头一看，长长的老兵队伍已横过了铁道，一直站到了营区。技术营的战友们一个个手举着小红旗，列队站在道路的两旁，从营房里一直排到营区大门外30多米远。营长王柱根、教导员张景贤、副教导员姜洪贵等营首长正向新兵的队伍走来。营首长同新兵们一一握手，嘴里不停地说着："欢迎！欢迎！"当王营长、张教导员与最后一个新战士握手时，新兵营营长荆悟先主动介绍说，他叫雷锋，是个孤儿，也是我们这次特批的新兵。这时，我看到营首长与雷锋握手时的表情显得特别亲切。随后，全营官兵伴随着锣鼓和口号声，把30多位新战友送进营部小礼堂。这是营里临时腾出来做新兵宿舍用的。只见室内的床铺铺得整整齐齐，老战友们打好的洗脸热水放在一旁。火炉烧得通红，火墙散发出暖烘烘的热气，直往脸上扑。雷锋感到有一种说不出来的温暖。他在当天的日记里写道："我好几年来的愿望在今天已实现了，真感到万分的高兴和喜悦，这是我一生最大的幸福。"从此，雷锋开始了军营生活。

"做好事的就是他！"

雷锋当兵后第一次在营区做好事，发生在他入伍后的一天早晨。这一天，雷锋早早起来打扫院子和小礼堂旁边的积雪和垃圾，正在巡查机械场地车辆和检查岗哨的营长王柱根发现了他。王营长在一次全营官兵会议上表扬了雷锋，并号召全营官兵向他学习。

雷锋不但在军营内做好事，而且还到营口市内的火车站、学校等处做好事。记得有一天，我同阜右东副营长在营部值班室值班时，哨兵领进来两位女同志，说有事要见首长。阜副营长接待了她们。其中一位姓李的女同志介绍说，自己是劳动小学的老师，上个星期天，她们学校组织老师清扫学校门前和院子里的积雪，部队有个战士在路过学校门前时主动进到学校，与老师一起扫雪。有的老师问他是哪个连的，叫什么名字，为什么帮助我们扫雪。他什么都不讲，只是一个劲地扫雪，直到把雪扫完，才悄悄离去。当时，校领导和老师都十分感动。于是，学校领导特意派我们俩到部队向首长表示感谢。同时，要求部队首长帮助找到这个做好事不留姓名的好战士。阜副营长向她们询问了这个战士的体貌特征后，立即与雷锋对上了号。阜副营长立即命令我到新兵排把雷锋找来。当我领着雷锋走进值班室时，那两位女教师异口同声地指着雷锋说："做好事的就是他！"阜副营长当场表扬了雷锋。

"你帮我练瞄准吧！"

新兵训练是从1960年的严冬开始的。"练'三九'，战严寒"，这是上级对寒区部队的训练要求。这种训练对老兵来说，是习以为常的事。可对刚入伍的新兵来说，是有一定困难的。特别是对雷锋这个生长在南方的新兵来说，困难就更大了。

有一次，我到训练场喊荆参谋长接电话回来时，看到新兵们正在进行队列训练。只见身穿一套稍大的棉军装、脚上穿着一双棉大头鞋、个头矮小的雷锋正行进在队列里。他用力地迈着步子，但还是稍后于其他新兵小半步，使队列的排列显得很不整齐。班长叫他出列，做单兵训练。他出列后，直挺挺地站在队列前，两眼看着班长讲解和做示范动作。班长叫他操练时，他一次次地用力向前迈着大步，但因身材原因，步幅怎么也达不到要求。我站在一旁为他着急，而雷锋却在那里不厌其烦地进行操练。

还有一次，那是一个星期天的下午2点钟左右。这天天气特别冷，战友们都在室内休息，等着3点钟开晚饭（星期天两顿饭）。这时，我去看菜窖，刚走过技术一连营房的山墙头，就看见雷锋独自一人伏在地上练习步骑枪射击瞄准。我走到他身边时，他好像没看见我一样，照常练习瞄准。我看他没有反应，就在他身边站住。只见他睁一只眼，闭一只眼，凝视前方，眉毛上蒙上了一层白霜，脸蛋被冻得通红，鼻子下面还流着鼻涕。他右手没戴棉手套，用食指扣着扳机。当我听到扣扳机的击发声，知道他瞄准动作完毕，就叫了一声："雷锋！"他听到喊声，转过身子，抬起头同我打招呼。我说："雷锋呀！你冻成这个样子，还不回屋休息。"雷锋说："我瞄准动作不行，趁着开饭前再练一会儿。"我说："天这么冷，冻坏了咋办？"还没等我说完，雷锋就接上话茬说："怕冷？怕冷能练出过硬本领吗？没有本领怎能保卫祖国？"接着，雷锋对我说："你劝我还不如帮帮我。干脆，你帮我练瞄准吧！"雷锋这么一说，弄得我不好再说什么，只好伏地帮他纠正瞄准动作。在帮他练瞄准的过程中，我发现由于雷锋手短小，所以用食指扣扳机有些费劲，击发时造成枪身摆动枪口向下，不能击中目标。我告诉他改用中指扣扳机，瞄准目标后，击发时要屏气，借用中指与大拇指间合力扣扳机，只有用力均匀，才能保持枪身平稳和击中目标。雷锋经过一段时间的认真操练和细心体会后，很快掌握要领，顺利过了这一关。

"我的成长进步都是党培养的结果"

新兵训练结束后的一天，我随营参谋长荆悟先、参谋罗源忠及各连连长去三营大操场，参加团里召开的新兵训练总结暨表彰大会。我们刚走过营口火车站前面的交通道口时，就听到扩音喇叭播放着雄壮的《解放军进行曲》。操场外站满了围观的群众，操场里面红旗招展。团首长坐在主席台上。300多名新兵在会场的主席台前整齐地站立着。会上，团首长宣读了对雷锋的嘉奖令。嘉奖令中说，雷锋在新兵训练中，勤奋好学，军容风纪、内务卫生、队列、投弹、射击等基础训练都取得了优异成绩，而且还继承和发扬了我党我军的光荣传统，在军营内外做了很多好事，受到部队官兵和一些市民的好评和赞扬。要求全团官兵向雷锋学习，处处以雷锋为榜样，做好施工前的准备工作，为更好地完成新年度施工任务而努力奋斗。这时，全场响起了一阵热烈的掌声。我边鼓掌边把目光转向雷锋，看见雷锋胸前戴着一朵大红花，面带笑容，昂首挺胸地站在主席台上。他的个子虽然很小，但在我们官兵心中的形象却特别高大。我记得雷锋曾在日记里写过这样一句话："我的成长进步都是党培养的结果"。

新兵训练总结大会结束后，荆悟先参谋长带领我们及被分配给技术营的新战友走出会场时，我看见雷锋高兴地跟着汽车连（后改为运输连）连长李超群朝会场道东的汽车连驻地走去。虽然雷锋被分配到汽车连当汽车兵去了，但是雷锋的事迹连同雷锋这个光辉的名字，从此在营口驻军的军营内和营口市群众中渐渐传开……

雷锋虽然只是一个普通士兵，他所做的也只是一件件平凡小事，更谈不上惊天动地，但其所表现出来的精神境界和道德品质却是崇高的。

为雷锋送行

1962 年 8 月 15 日，雷锋因公牺牲的噩耗传来，全团官兵万分悲痛。当时我受营首长的委托，参加了雷锋的追悼会。追悼会会场设在抚顺市望花区人民大礼堂。礼堂内庄严肃穆，雷锋的灵柩两旁站立着腰佩手枪和手持步枪的干部战士各两名，当时有沈阳军区工程兵部队首长、团首长和抚顺市的党政领导等轮流为雷锋守灵。追悼会开得特别隆重，部队官兵和抚顺市各界群众参加了雷锋的追悼会。

会后，我眼含热泪随送葬的队伍把雷锋的灵柩护送到抚顺市烈士陵园。沿途我看到自发前来为雷锋送葬的群众，从区政府门前一直排到浑河大桥，数以万计的群众站在道路两旁，秩序井然，很多人流出了热泪。灵车途经的路上，很多车辆自动停下，向雷锋致哀，以表达对这位抚顺市人大代表的无限敬意。

1963年8月，我参加了沈阳军区在营口召开的"沈阳部队纪念雷锋逝世周年大会"。不久，我被调到上级机关工作。1985年，我从部队转业回到了营口。这些年来，我很少向身边的人说我是雷锋的战友，不想借雷锋炫耀自己。我只能用脚踏实地的工作来怀念雷锋，用实际行动来实践雷锋精神。

今天，我把一个平凡而伟大的战友——雷锋的感人故事讲出来，也算是一个已经退休的老军人对战友的一种缅怀吧！同时，也想通过这些故事对青少年进行教育，从而鼓励他们为中华民族伟大复兴作出自己的一份贡献。

雷锋是这样牺牲的

——访"雷锋团"运输连原连长虞仁昌

虞仁昌，1929年12月生于浙江东阳。1949年5月参军，1950年入党。曾任雷锋生前所在连连长。1963年转业回原籍工作。历任供销社主任、农机公司党委书记、汽车运输公司党委书记等职。40多年来，他处处以雷锋为榜样，多次被县、地、省评为优秀转业军人和优秀共产党员。

虞仁昌照片

　　2005 年 8 月 15 日，是伟大的共产主义战士雷锋牺牲 43 周年纪念日。就在这一天，雷锋生前战友，曾经为雷锋办理过由战士晋升为副班长、班长手续和命令的驻营口工兵第十团运输连原连长虞仁昌，专程从浙江东阳市赶到营口。在营口火车站广场的雷锋塑像前，老人仰望着眼前这位曾与他朝夕相处两年多的"战友"，泪水悄然流下。17 日，虞老向营口市史志办的同志讲述了当年雷锋牺牲的经过……

　　1960 年 4 月，雷锋被分配到运输连。由于我是运输连连长，雷锋又是连队的先进，所以我与雷锋的接触较多，关系也十分密切。我是雷锋先进思想和模范事迹的主要见证人之一。雷锋的日记里也曾几次提到我。我们虽然是上下级关系，但相处得就像亲兄弟一样。

记得是 1962 年 8 月 15 日上午 10 时左右，雷锋开着 J7—24—13 号"嘎斯"汽车回到连队。他先向我报了到，然后对助手乔安山说："咱俩去洗车。"这次是乔安山开车，雷锋在下面指挥。汽车驶入一条窄窄的人行道，小路的右边是九连连部的房子，左边是杨树。紧挨着杨树的是一排一米半高的柞木桩子，中间拉着铁丝，是战士们晾晒衣服和被子用的。汽车能不能从这条小路顺利驶过，乔安山没有把握。他把头探出车窗外，冲着雷锋喊了一声："班长！"雷锋跑上前问："怎么了？""班长，你看看会不会撞上房子？"雷锋走到汽车的左前方，向乔安山打着手势："走吧，没事。"乔安山挂上二挡起步，迅速回转方向盘……

汽车不断地向前开动着。可是，让人万万没有料到的是，汽车的左后轮突然碰上了一根柞木桩的根部，并将其挤断。由于柞木桩上端绑有铁丝，铁丝的巨大张力迅速将柞木桩弹了起来，重重地砸在雷锋的太阳穴上。顿时，雷锋倒在地上……

10 时 25 分，战士韩振马风风火火地跑到连部，气喘吁吁地报告说："连长同志，不好了，雷锋出事了。"我立即跑到连部后面的现场，看见雷锋倒在了地上，鼻子、嘴都往外喷血。乔安山把雷锋扶坐在地上，声嘶力竭地叫着："班长！班长！"在此紧急情况下，我立即命令把教练场上的教练车开过来，汽车教员王广湘把教练车开过来了，我把雷锋抱上汽车，火速赶到抚顺市望花

147

区西部医院。

车刚停稳，我便背起雷锋上了二楼的急救室。突然，雷锋的呼吸停止了。医生和护士赶紧对雷锋做人工呼吸。雷锋的呼吸好半天才缓了过来。

一位医生对着我们问："你们谁是负责人？"我应声后，跟他进了一个小房间。他说："伤势很重，是颅骨骨折、颅内出血，有生命危险。"我一下子吓呆了，眼泪唰地流了下来。我焦急万分地拉着医生的手说："医生，他是毛主席的好战士雷锋啊！请您无论如何要千方百计地抢救他呀！"医生听后，提笔写了一张便条："快派车去沈阳军区总院，把脑外科主任段教授请来。"我拿了便条急速回到连里，连里的同志们一下都围上来问："雷锋怎样了？"我顾不得回答，连忙对副连长白福祖说："你马上开车到沈阳……"

白福祖接受命令后激动地对我说："只要能把雷锋同志治好救活，我就是牺牲生命也愿意。"我看他那激动的样子，忙说："不，雷锋要救，你也要注意安全。"这时，团司令部的军务股长来到连里，我用请求的口吻说："股长同志，我们白副连长的心情太激动，能否请你跟车一起去沈阳，以便坐在驾驶室里帮助指挥一下？"军务股长接受了我的请求。

他们火速驾车出发了。为了避免路上有紧急情况发生，我又派汽车教员王广湘开了一辆车跟随前往……

这时，医生们开始对雷锋进行最后的抢救。雷锋每隔十多分钟抽搐一次，后来是五六分钟抽搐一次。我一再央求医生要想尽一切办法抢救，医生特别认真负责地接连做了几次人工呼吸，可是效果不佳。后来院长经过征求我的意见，赶紧指挥主刀医生把雷锋的气管割开输氧。主刀医生把雷锋的脖子割开一个口子，可是她的手紧张得直哆嗦，气管怎么也拽不出来。院长见此情景，亲自上前把雷锋的气管拽出来，然后把氧气插上。这时，雷锋的腹部起伏了一下。这一起一伏，给在场的人带来了希望。可是雷锋很快就又停止了呼吸。这时，时钟指向了12点零5分。

经过约20分钟的紧急抢救，医生无奈地放下听诊器对我说："不行了，你们料理后事吧。"我们在场的同志禁不住失声痛哭起来。

雷锋的遗体被我们抬到太平间。我把他的衣服解开，开始给他擦洗身体。我把脸贴在他的肚皮上，感到有一丝温热，顿时觉得有了希望，赶忙找到医生："医生，雷锋身体的温度好好的，请你们再去抢救一下吧，要血要肉我们都可以办到，只要能救活雷锋，要什么都行。"医生既诚恳又带有一种内疚的心情说："他是脑挫伤，内部出血，血和肉都是没有用的。"这时，我们彻底绝望了，大家再次抱头痛哭起来……

下午1点半左右，当从沈阳赶来的脑外科段教授到达抚顺西部医院时，痛惜地说："我来晚了，没有完成任务。"

下午2点多钟，团政委和连指导员赶到西部医院。在太平间里，他们用手抚摸着雷锋的遗体，禁不住潸然泪下……

雷锋是伟大的共产主义战士，他乐于奉献，忠于职守，情操高尚，全心全意为人民服务。他是中华民族的道德楷模和学习的榜样。这种雷锋情结将伴随我一生，直至生命的终点。

雷锋大哥影响了我的一生
——访雷锋生前的亲密战友、电影《离开雷锋的日子》原型乔安山

乔安山，1941 年 5 月 15 日出生于辽宁省辽阳市，中国军人、雷锋生前最亲密的战友。1962 年 8 月 15 日，雷锋倒在他的车轮旁。组织上对雷锋同志的牺牲定下结论："因公殉职，意外事故"，"乔安山没有直接责任"。当时告知他雷锋之死的对外口径是"因公牺牲"，要他保密。虽然组织上百般劝说他不要背包袱，但战友的死一直使乔安山抬不起头。他是电影《离开雷锋的日子》的原型。几十年来，他默默坚持传播雷锋精神，为雷锋精神的传承作出了突出贡献。2019 年 12 月 27 日，中央文明办发布 12 月"中国好人榜"，乔安山被评为

雷锋生前的助手乔安山同志（右），像老班长一样严格要求自己，正在苦练夜间驾驶技术

"助人为乐好人"。2020年10月20日，中国关工委、中央文明办《关于表彰全国关心下一代工作先进集体和先进个人的决定》表彰乔安山为"全国关心下一代工作先进个人"。

初春的一天，营口市史志办的同志走进了乔安山的家。他家的客厅里摆放着雷锋与他共同学习《毛泽东选集》时拍下的大幅彩色照片，四周摆放了许多与雷锋相关的物品以及他获得的各种荣誉奖杯和奖状、证书。我们向乔安山说明来意后，他沉思良久，才向我们讲述了40多年前雷锋与他之间发生的故事……

我和雷锋一起入伍到营口

我是1941年5月15日出生的。1959年，18岁的我走进鞍山钢铁公司，当上了一名工人。也就是在这个时候结识了比我大1岁的雷锋。当时，雷锋是厂里的先进工作者，我们在一起同吃、同住、同劳动，朝夕相处得就像亲兄弟一样。1959年末，雷锋和我一起报名参军，并参加了体检。我顺利地过了体检关，而雷锋却因体重和身高等原因，入伍颇费了一番周折。当时，雷锋每天都缠着征兵的首长和体检的医生要求入伍，好在那个年代讲究根红苗正，加上雷锋又是个苦孩子，部队就破格征召了他。

1960年1月8日，我们新兵从辽阳火车站登上火车，前往驻地营口。在火车上，雷锋一个劲地帮助战友们做好事，劝慰那些刚刚离开父母身边有些想家的战友，还为大家唱起了歌儿。由于雷锋在征兵时给领导的印象比较深，带兵的首长决定新兵到达营口后，由雷锋代表新战士发言。雷锋听说自己要代表新兵发言，非常高兴。他立即拿出笔和纸，在窗前的小桌子上开始写发言稿。

下午3点钟左右，火车到达营口火车站。当我们刚刚走出站台时，锣鼓声就响遍了整个火车站广场上空。部队的首长和老战士们分列在火车站出口两旁，鼓掌欢迎新兵加入到革命队伍中来。很快，我们新兵们排着整齐的队伍被领到团部驻地，并在一个台子前停了下来。在这里，部队举行了欢迎新兵入伍大会。雷锋代表新兵作了发言。他顶着寒冷的北风，站在台上讲了10多分钟，抑扬顿挫的讲话不时地博得新老战友的阵阵掌声。最后，部队首长发了言，对我们新兵提出了很多要求。

新兵刚进入营房，雷锋就开始打扫屋子，把营房收拾得干干净净。此后，每天新兵们还没有起床，雷锋就拿起扫帚去打扫院子了。雷锋干的这些活儿根本不是首长安排的，都是他自己主动干的。

新兵训练开始了，雷锋克服了身材矮小、没有力气、投不远手榴弹等困难，最后以优异的成绩完成了新兵训练的全部科目。

新兵训练结束后，雷锋与我一起被分配到了汽车连（后改为运输连）。连首长安排雷锋和我开一辆军车，一起执行任务，我们也成了最亲密的战友。当时，由于我没念过几天书，没有文化，所以队部里在开展提高战士文化水平活动时，雷锋和我结成了"一帮一，一对红"的帮学"对子"，使我有了很大进步。

1960 年 8 月，我的家乡辽阳地区发生了特大水灾，家里生活也出现了暂时困难。那时我根本看不懂家信，所以都是由雷锋替我读信，代我写信。雷锋在给我读信时得知我家乡受了水灾后，背着我给我家里寄去了 20 元钱。当我得知家里收到了不是我寄去的 20 元钱时，猜想一定是雷锋寄去的。后来，我母亲病了，雷锋又给我母亲寄去了钱，一共寄了 3 次，共 60 元，而且每次都是以我的名义寄的。当我告诉雷锋不要再给我家里寄钱时，雷锋却说："我是母亲的孩子，而我的钱又是祖国母亲给的，所以要回报给母亲。"听完雷锋的话，我的眼泪夺眶而出……

雷锋倒下了……

1962 年 8 月 15 日，我们四班正在铁岭执行国防施工任务。当天，我俩计划到抚顺对汽车进行三级保养。回到连队后，我们向虞仁昌连长作了汇报，然后准备把汽车冲洗一下。

这时，我开着车进入到九连的一个直角弯处，我挂上二挡，打了一个倒车，好不容易才拐过这个弯。接着，汽车驶进一条狭窄的人行道。道口有一棵大杨树，顺着大杨树有一排一人多高、小碗口粗的柞木桩子。木桩子上头用 8 号铁丝一个一个地拧在一起，这是为战士们晾晒衣服用的。当时，我在驾驶室里开车，雷锋在车的左前方指挥。雷锋与车的距离很近，都快要接近汽车的脚踏板了。他一边往后看，一边给我打手势。我当时开得比较慢，当汽车超过雷锋的那一刹，就感觉后轱辘颠了一下。当时我没有在意，也没有想到会出什么事儿。

当我把汽车开到九连炊事班前的水管旁停下时，回头一看，雷锋倒在了地上。原来是汽车在行驶过程中轧到了木桩子的根部，将木桩子轧折。由于木桩子上面连着8号铁丝，所以弹了起来，正好砸在雷锋头上。我见状疯了一般地跑过去，其他几个在菜地里干活的战友也跑了过来。我瞪眼一看，雷锋的左侧太阳穴上起了个大包，鼻子和嘴里一起往外喷血，而且双眼紧闭，急促地喘着气。我抱起雷锋大哭："班长！班长！"

很快，连长虞仁昌跑步来到现场，并迅速命令汽车教员王广湘开车将雷锋送到抚顺市矿务局西露天矿职工医院，我和几名战士也跟着爬上了车。

由于雷锋的伤势过重，医生已经没有回天之力了。就这样，一颗伟大而平凡的心脏停止了跳动。此时，战友们哭声大作，泪水像决堤的洪水一样。当两位护士用白被单把雷锋的遗体覆盖上的那一瞬间，我就觉得像天塌了一般，不顾一切地扑上去，哭喊着："班长，你不能走啊！我对不起你呀！"我被几个战士强行拉开。

护士推着雷锋的遗体走向太平间，我流着眼泪跟在后面。雷锋被停放在太平间里，护士转身走了。这时，看守太平间的老人问我："你走不走，我要锁门了。"我哭着说："我不走了，你锁吧！"太平间的门被"咣当"一声关上了。顿时，屋里漆黑一片，伸手不见五指，而我的脑袋里却是一片空白。我呆呆地立在雷锋的遗体旁，任凭泪水往下流淌。我根本无法面对这一现实，心里还幻想着雷锋没有死，他还能活过来。当时，虽然屋内还有其他几具尸体，但我根本没有一点儿恐惧的感觉，有的只是悔恨和泪水……

也不知过了多久，太平间的门开了，陈排长进来了，让我跟他回去。当时，我死活不肯离开。最后，我硬是被带回了连队，并被关了禁闭，门外站着两位战士看守着我。在禁闭室里，我仍然默默地流着眼泪。当团政委韩万金得知我被关起来的消息后，立即命令连里："快把乔安山放出来，我们不要死了一个雷锋，再死一个乔安山。"就这样，我被放了出来。

很快，组织上给这次事故下了结论："因公殉职，意外事故。"即雷锋没有责任，我没有直接责任，团里、连里领导也没有责任。这八个字虽然排除了我的责任，但血的教训是沉痛的。我虽然在形式上没有受到什么处分，但从1962年8月15日那一天起，这个在世界历史上并不重要的日子，却成了伟大的共产主义战士雷锋生命终结的日子，我也从此在心里背上了一个沉重而又是无形的"十字架"，一生承受着超负荷的精神压力。

雷锋牺牲后，我成了"撞死雷锋的人"，虽然组织上对雷锋之死下了结论，认为我没有直接责任，也不给予任何处分，但我却一直无法从自责中解脱出来。可以说，其他战士对雷锋的悲痛感情是单一的，只是觉得他牺牲得太可惜了。而我却不同了，我是除了对雷锋想念之外，更多的是自责、愧疚……外界的压力就更不用说了。当时，我的精神几乎崩溃，已经有些支持不住了。我曾对指导员说过："我有罪呀！这么好的班长倒在了我的车轮下，还不如让我替他去死……"那些日子，我一闭上眼睛，雷锋牺牲前的一幕幕就出现在我的眼前：雷锋倒在地上闭着眼睛急促地喘息，雷锋鼻子在往外喷血，雷锋的身体在痛苦地抽动，护士将白被单盖在雷锋的身上，雷锋被送进了太平间，为雷锋送葬时的大红棺材，雷锋的坟墓……我还常常被噩梦惊醒，有时在梦中大声喊叫，有时被惊得出了一身冷汗，有时感觉好像被绳索捆绑着……当时，只要一有人提到雷锋的名字，我就觉得心里堵得慌，眼里就会不住地流泪。晚上，我在营房里不时地对着雷锋的照片，一边痛恨自己，一边默默地忏悔、流泪。

1963年1月7日，国防部授予雷锋生前所在班，即我们四班"雷锋班"称号，全班其他战士都非常高兴，而我却高兴不起来。就连我们班从驻地营口到沈阳接受这一崇高荣誉的往返路上，我都是闷闷不乐的。在接受荣誉的主席台上，陈锡联司令员看我低着头，问身边的沈阳军区工程兵王良太主任："这个小战士是……"王良太回答说："他就是乔安山。"陈司令拍着我的肩膀，意味深长地说："小伙子，抬起头来！你要像雷锋那样，好好开车，好好做人！"我抬起头来，给陈锡联司令员敬了一个军礼，哽咽地说了声："是，司令员！"顿时，我的眼睛模糊了。

3月5日，让我始料不及的是毛泽东等老一辈革命家发出了"向雷锋同志学习"的号召。战友们拿着报纸上的毛主席手迹，高兴得手舞足蹈，激动得流出了喜悦的泪水。但我却别有一番滋味在心头，我拿起报纸，仔细地端详着老人家的题词，两只手不由自主地剧烈抖动起来，任凭我如何控制都控制不住。看着毛主席的题词，我有一种巨大的恐惧和压力。我感觉毛主席一定知道雷锋牺牲的原因了，他也一定知道乔安山这个名字了。他老人家能原谅我吗？

随后，神州大地掀起了一浪高过一浪的学习雷锋热潮。从部队到地方，到处都传颂着雷锋班长的光辉事迹。3月6日，我们全班战士再次从营口赶到沈阳，接受沈阳军区司令员陈锡联上将把毛泽东、周恩来、刘少奇、朱德、邓小平等党和国家领导人题词的复制品转赠"雷锋班"。我们受到了沈阳军区首长和团中央领导的亲切接见。回到营口后，全班战士进行了热烈的发言，但我却躲在一旁悄悄流眼泪。班长张兴吉对我说："乔安山呀！毛主席都给雷锋班长题词了，这是多大的喜事啊！你怎么还不高兴呢？我敢说，现在全国知道这个消息的人中可能就你一个人在哭了。"我对班长说："我这是喜泪，我是在一边哭，一边替雷锋高兴啊！"

那时，我最怕的就是新闻单位来采访雷锋的事迹。因为一采访就要深挖雷锋的事迹，就要到班里进行座谈和讨论，更要采访我们战士，当然也离不开我。所以这时我就感觉特痛苦、特压抑……

那段时间，我是饭不思吃，水不想喝，人也瘦了许多，好在有各级首长的关怀和战友们的鼓励，我坚强地走过来了，并下定了一生都要以雷锋班长为榜样，永远做一个像他那样的人的决心。

开始"隐居"生活

1966 年，我告别军营，转业到兵器工业部工程总局工程总队工作。不久，"文化大革命"爆发了。这时有人说："雷锋是乔安山撞死的，他是罪人，应该批斗他。"听到这些后，我说："雷锋牺牲的问题组织上是有结论的，那是意外事故，谁想否认也否认不了。"好在当时主持正义的人较多，我就没有受到什么皮肉之苦，但身心再次受到了强烈刺激。

1970 年，我来到铁岭运输公司车队工作。我首先向领导提出了"我是雷锋战友，替我保密"的请求。领导答应了我的请求。从那时起，我开始了仿佛没有伤心往事的"隐居"生活。后来，工友们逐渐知道我叫乔安山，但却没有一个人想到我是雷锋的战友，更不知道"雷锋的死与我有关"。在这段时间里，我处处以雷锋班长为榜样，拼命工作，用学雷锋、做好事的实际行动，来弥补自己的无心过失。这些年，我做了很多微不足道的好事，既得到过人们的赞扬，也受到过人们的误解，电影《离开雷锋的日子》中描述的都是真实的我。但每当我想起雷锋的时候，受到再多误解也不觉得委屈了。我虽然过起了"隐居"生活，但每年有三个日子我是最难以度过的。即 3 月 5 日、清明节和 8 月 15 日。一年中最痛苦的和最想念战友雷锋的就是这三天。每逢这三天，我都要到铁岭龙首山下的墓地去坐一坐，因为那里埋有几位因参加国防施工而牺牲的战友……

就这样，我"隐居"了 20 多年。岁月在不停地轮回，我的黑发过早地变成了白发。20 世纪 90 年代初，我们车队承包给了个人，我被迫待岗回家。后来，两个儿子也相继下岗，本来已陷入困境的家庭，更是雪上加霜。我不得不找了一份给旧物收购站打更的活儿，并和老伴一起搬到那里住，继续我的"隐居"生活。

享受不了的礼遇

1997 年，以我为原型的电影《离开雷锋的日子》在全国上映。顿时，我的"隐居"生活被打破。全国各地邀请我出席首映式的信件像雪片一样飞来。我每天坐汽车、火车，乘轮船、飞机，奔波劳碌，忙得不可开交。当我看到电影中自己当年和雷锋在一起的情景，以及离开雷锋以后自己的生活时，心情异常激动，千言万语、苦辣酸甜一齐涌上心头。当时我是泣不成声，泪如泉涌……

从那时起，我就成了雷锋精神的义务讲演员。每年都要应邀到外地作雷锋事迹报告 100 多场，所到之处，都受到了人们的热烈欢迎。记得有一次，我到武汉大学去作雷锋事迹报告。当我作完报告时，有 1000 多名小学生拥进了武汉大学的操场，并要求我给他们讲雷锋叔叔的故事。当时，我看离飞机起飞还有一个多小时，就临时决定给孩子们讲半个小时雷锋叔叔的故事。在校团委书记的提醒下，我结束了报告，匆忙地上了车，前往机场。当我拿出机票检票时，却被告知出了大问题。原来武汉有两个机场，一个在市内，一个在郊外。陪同我的人急忙带着我往郊外机场赶。当汽车风驰电掣般地进入郊外机场时，飞机已经启动。武汉大学的同志向机场值班人员说明了我为了让1000多名小学生听雷锋事迹报告而耽误乘坐飞机的实情，请求他们给予帮助。值班人员听后，立即指示已经开始滑行的飞机停下来。十多分钟后，我满头大汗地登上飞机，当看到一些乘客不满的神情时，我立刻向大家进行了道歉。当他们从空姐口中得知我是雷锋的生前战友乔安山，因为给小学生作雷锋事迹报告而耽误了大家的行程时，机舱内顿时响起了一阵热烈的掌声，感动得我热泪盈眶，一句话也说不出来。当时有人说："我还以为是什么大官来晚了呢！原来是雷锋的战友啊！再等十分钟我们也没意见。"我的心里十分清楚，大家是因为热爱雷锋才给予了我这么多的关爱，我是在跟战友雷锋沾光啊！此时此刻，我身处高高的蓝天之上，听着这一声声赞美，感觉比任何时候都幸福。

这些年，我几乎走遍了祖国的大江南北，所到之处都受到了人们的热烈欢迎和真诚鼓励。我在作雷锋事迹报告的过程中，每一次相见，每一次握手，每一次交谈，每一次告别，都是那样令人难以忘怀。

今天，我又回到了第二故乡营口。可以说，营口父老乡亲的恩情，我是永远都不会忘记的，当年营口的一山一水、一草一木都给我留下了深刻的印象。更何况，营口还生活着几十位曾经与我朝夕相处过的亲密战友，我要和他们携起手来，共同向营口人民宣传雷锋的光辉事迹，让雷锋精神在营口得到薪火相传和发扬光大。

……

60 年前，雷锋以其真善美的人性光辉铸就了共和国一座雄伟的道德丰碑，成为我们学习的楷模。乔安山，一个带着时代烙印的转业军人，历经曲折和坎坷，披荆斩棘地走过了他的艰难岁月，并一直在延续着不朽的伟大雷锋精神……

附 录

雷锋在营口留下的笔迹

诗歌和散文

自　题

（1960 年 1 月 18 日）

雷锋同志：

愿你作暴风雨中的松柏，

不愿你作温室中的弱苗。

穿上军装的时候

（1960 年 1 月）

小青年实现了美丽的理想，

第一次穿上了庄严的军装，

急着对照镜子，

心窝里飞出了金凤凰。
党分配他驾驶汽车，
每日就聚精会神坚守在车旁，
将机器擦得像闪光的明镜，
爱护它像爱护自己的眼睛一样。

力量从团结来

（1960 年 3 月）

力量从团结来，智慧从劳动来。
行动从思想来，荣誉从集体来。

唱支山歌给党听

（1960 年）

唱支山歌给党听，
我把党来比母亲；
母亲只生了我的身，
党的光辉照我心。
旧社会鞭子抽我身，
母亲只会泪淋淋；
共产党号召我闹革命，
夺过鞭子揍敌人。

学好主席书

（1960 年）

士兵学好主席书，立场坚定干劲足。
老粗能够变老细，分析问题不迷糊。

练　兵

（1960 年）

天上星斗亮晶晶，营部响起军号声，
各连集合站好队，精神抖擞去练兵。
月儿当头亮光光，战士握枪上靶场，
哪怕冰霜寒刺骨，坚决要打靶中央。

——于新兵训练时

一家人

（1960 年）

松柏树，根连根，石榴结籽心连心，
解放军和老百姓，本来就是一家人。

新旧社会对比

（1960 年）

想起来，好心酸，想起过去想今天。

旧社会里当牛马，吃糠咽菜苦难言。

夏天无衣光着膀，冬天麻袋遮风寒。

层层剥削受压迫，死在洋沟无人管。

自从来了共产党，当家做主把身翻。

参加企业来管理，咱们工人掌政权。

过去黑暗全扫净，如今生活乐无边。

丰衣足食多幸福，党的恩情比蜜甜。

旧社会工人苦中苦，新社会工人福中福。

新旧社会来对比，我们饮水要思源。

生活好来别忘本，勤俭持家不浪费。

余钱送到储蓄所，利国富民真是强。

节约储蓄好处大，建设咱们新国家。

还有后来人

（1960 年）

砍头不要紧，只要主义真。

杀了雷明亮，还有后来人！

——写在日记本上

敢想敢做的人

（1960 年 1 月）

生龙活虎女英雄，李小平就是她的名。

人小聪明有天才，创造发明幸福来。

自动水车转轮轮，三用机子也制成。

五星公社人人夸，称她是一个女仙家。

在五星人民公社胜利村，流传着这样的一首歌谣，赞扬青年
发明家的模范事迹。她今年 8 月间才满 18 岁。小姑娘长得很结
实，圆圆的脸儿，端正的鼻子，有一对并不大却非常明亮的眼
睛，眼珠子转来转去，总像在搜索什么东西似的。说起话来眉飞
色舞。她的头发剪得短短的，用橡皮筋扎成两小段。当她说话摆
动着头部，那两小段头发就像下乡货郎手里摇摆着的手鼓向两边
摆动起来。

当我问到她的创造发明的情形时，她说："由于党的英明领
导，大跃进的到来，农村里人人干劲冲天，生产一日千里。我看
到生产工具还落后，尤其是今年 6 月间，天久晴不雨，抗旱十分
紧张，村里的人真是累得要命，我早就想创造一部自动水车和三
用机……"

跟着党走

（1961 年 4 月）

随着太阳不会挨冻，跟着党走不会迷路。
随着太阳就有温暖，跟着党走就有幸福。

讲话和报告

雷锋在驻营口工兵第十团欢迎新兵大会上的讲话

敬爱的首长和全体老大哥同志们：

你们好！

首先，让我代表新战士讲话。

我们这些新战士，能在 60 年代刚刚开始的日子，穿上军装，扛起枪，都有说不出的高兴。我们当中有工人、有社员，也有学生，来自四面八方。可我们只有一个心眼：学好本领，保卫祖国，当个像样的兵，做毛主席的好战士。（掌声）

刚才，团首长讲人人争当"五好"战士。依我说，有在座的领导，有老同志的帮助，莫说"五好"，有个"十好""八好"的，也保证当上……（笑声）

你们笑什么呀！我讲的全是实话。（笑声）

（1960 年 1 月 8 日）

解放后我有了家　我的母亲就是党

报告人：雷锋

我决心应召

去年 12 月 3 日，当我在焦化厂工地听了李书记的征兵报告后，我的心激动得无法平静下来。夜深了，我翻来覆去睡不着，从床上爬起来，跑到车间办公室，叫醒了李书记，问他我能不能报名参军。李书记说："怎么不能？像你这样年轻力壮的小伙子参加解放军是顶呱呱的哩！"他仔细看我一眼说："哎呀，你怎么没穿棉衣就跑来啦？外面正下雪，不冷吗？"李书记顺手把一件棉衣披在我身上，告诉我天亮就报名，让我先回去休息。我回到宿舍，就坐在桌旁写起入伍申请书和决心书。

第二天，天还没亮，我想到车间报头一名，哪知道青年工人马守华比我去得还早，头一名让他报上了，我只好报了个第二名。

参军，这是我从小就有的愿望。人民解放军不仅是团结友爱的大家庭，而且是培养革命青年的大学校。我的愿望就要实现了，怎么叫我不高兴呢！

当我在入伍登记簿上写上我的名字，并特别注明"我坚决要求参军"时，一段辛酸的往事涌上我的心头。

我出身在一个很贫穷的农民家庭，祖辈给地主家当佃户。父亲专靠给地主做长工来维持一家半饱的生活。过年时，哥哥领着我出去"送财神"，讨点米来吃。要是赶上富人家办喜事，也出去讨点剩饭剩菜。我们家住一间破茅屋，外边下大雨，屋里下小雨。冬天，为了挡挡风寒，常用几捆稻草堵在门口，冷得实在不行了，全家人依偎在一起取暖。抗日战争时期，我父亲被日本鬼子打死，我哥哥只好去一家机械厂当童工，手被机器轧断，脑袋撞破，回到家里没钱治疗，活活被折磨死了。接着小弟弟也饿死了。妈妈为了养活我，到地主家做工，也被害死了。剩下孤孤单单7岁的我，给人家放牛、喂猪。上山砍柴时，我的手又被地主砍伤，露出了骨头，鲜血直往外流，疼得我喊娘，娘不应；喊爹，爹不答。那时我虽年纪小，对那些要命的野兽般的地主和黑暗的旧社会是多么恨之入骨。那时我真想，要是有亲人来搭救我，我一定要拿起枪，粉碎那些狗豺狼，为爹妈报仇！

伟大的党啊！您搭救了我，给我吃的、穿的，送我念书，戴上了红领巾，加入了共青团，参加了祖国的工农业建设，一天天地成长起来。

伟大的党啊！您是我慈祥的母亲，要是没有您，我很难想象自己的一切。今天您需要我，我一定挺身而出，不怕牺牲和一切困难，永远忠于您，忠于人民，继承长辈的革命传统，为建设现代化的强大的国防军，为保卫社会主义建设，保卫世界和平，我要把自己可爱的青春献给祖国最壮丽的事业，做一个真正的共产主义战士。

入伍第一天

今年 1 月 8 日，是我永远不能忘记的日子，我光荣地参加了中国人民解放军，实现了自己最崇高的愿望。

祖国啊！到处都有我慈祥的母亲——中国共产党对我的亲切关怀和照顾。我到达部队的头一天，因为乘火车时车厢里热，我脱掉了衣服，下车受了凉。深夜睡不着觉，止不住地咳嗽、发烧，有时还发冷。下半夜了，营长来到我们宿舍，有的同志被子没有盖好，他轻轻地给盖好。他发现我还没睡，走到我身边见我咳嗽，就轻声问："你感冒了么？"我说："没什么。"当时我想，这点小病还是不告诉首长好，以免麻烦首长。营长连夜查铺两三次，发现我一直没睡，知道我感冒了，就从卫生连叫来一位医生给我诊治，吃了药，叫我好好睡觉。亲如爹娘的营长啊，怕我冻着，脱下自己的棉大衣，还送来一床新被子，都盖在我身上。我激动得泪水流湿了枕头，我真想掏出自己的心来献给党，我下定了决心，入伍了，一定要好好地为人民服务。

第一堂政治课

1 月 9 日早饭后，我们新兵营的同志集合在一个大礼堂里，政治处主任给我们上了第一堂政治课。他说，你们参加了中国人民解放军，担负着保卫祖国的神圣职责，你们要好好学习政治和现代军事科学技术，要熟练手中武器，时刻提高警惕，随时准备消灭胆敢侵略我国的敌人……吴团长接着给我们介绍了本团的光荣历史，讲了战争年代许许多多英勇顽强、不怕牺牲的英雄事迹。课后放映了电影《董存瑞》。当我看到战斗英雄董存瑞英勇炸碉堡的时候，我感动得流出了热泪，决心向他学习。课后回来，找到一本《解放军画报》翻着看，看到了战斗英雄黄继光的遗像，我把他剪下来贴在自己的日记本上，每天写日记，我要先看看他，想想他。参军第一堂政治课给了我多么大的教育和鼓舞！

把知识教给大家

4月上旬，我来到运输连，和30多名新同志一起开始学习汽车构造、汽车原理和驾驶。学了一个星期以后，有的同志认为进度快，记不住，不好学。和我一个班的佟占佩同志，接受能力差一些，今天学了，明天就忘了。他感到学汽车理论很吃力，第一次测验考了个不及格，有些灰心了。排长（也是汽车教员）对我说："你学得好些，要好好帮助佟占佩同志，下次测验，你们都得5分那有多好！"

我想排长说得对。自己学习成绩再好，将来只能开一台车，要是大家学习都好，那不是能开更多的汽车吗？班长也专门分配我帮助佟占佩。怎么个帮助法呢？课后小组讨论，我总是让他先发言，不懂的地方就提示一下，渐渐有了起色。有一天，我们讨论汽化器的构造和工作情况，他怎么也说不清楚。我就拿着图给

他讲解，他还是摇头说记不住。我分小节讲，讲一小节，让他重
复一遍，这样一句一句地教，教了两个多小时，他终于弄明白
了。我们起早、贪晚地在一起学习，他有了明显进步。第二次测
验，结果得了5分，大家都为他高兴。

部队掀起了学文化的热潮，我们运输连开了初小班、高小班
和初中班。连里缺少文化教员，动员大家"兵教兵"。我想：自
己在党的培养教育下，文化程度不高，只学到了一点点文化知
识，应该好好为连队建设服务。我自告奋勇当一名兼职小教员。
连首长分配我负责高小班。开始碰到很多困难，主要是事情多，
忙不过来。每天要学技术专业，我是技术学习小组长；大家还推
举我当了连队俱乐部学习委员，每天给大家读报、广播、教歌。
现在又要备课、上课、批改作业，就是业余时间一点不休息，加
上晚上少睡点也忙不过来。连首长（为了）鼓励我做好这些事，
免去了我的公差勤务，（让我）集中精力把文化课教好。我一想
到党对我的培养，工作再忙，困难再多也不在话下。我教高小语
文课和算术课，多数同志反映还好，但有个别同志就是不用心听
讲。报纸上发表了《毛主席关怀警卫战士学文化》的文章，我给
大家读，说明文化学习的重要性。我们班乔安山同志，文化程度
比别人低，学习信心也不足，一学数学就头疼，上课不带笔和
本，有时还缺课。有一次，我让他做作业，他说钢笔丢了，我把
自己的一支笔送给他，还给他订了一本作业本。他很受感动，学
习热情渐渐高起来，考试成绩也不错。我按期完成了教学任务，
全班总评成绩优秀。

照顾一位老太太

6月上旬，我因公外出，在沈阳火车站乘车回抚顺。早晨5点钟，到了上车的时间，我背着背包刚走近天桥，看见一位白发苍苍的老太太背着个大包袱，走几步歇一歇，很吃力。我急忙赶上前去，帮助老人背起包袱，搀扶她上火车。老太太累得满头是汗，喘了半天气，才对我说了一句话："好孩子，大娘忘不了你呀！"上了车，人很挤，我给老人找了个座位，自己就站在老人的身旁。火车开动了，因为我没吃早饭，肚子饿了，我拿出在车站买的两个面包，送给老太太一个。她接过面包，忙说："你这个当兵的，真好，我见到儿子叫他写信给你们首长……"老人说她从山东来，到抚顺去找儿子，但又不知儿子的住处。她掏出一封信叫我看，记得上面写的地址是"抚顺市 ×× 信箱第四宿舍"。这个地方我当然不知道，但为了使老人安心，我就说："大娘，你莫急，有地址就好办，下了车我帮你去找。"6点多钟到了抚顺，我把自己的背包存放在车站，背上老人的包袱，领着老人四处打听，走走停停到快9点钟了，终于找到了这个"×× 信箱"。原来是个保密工厂。老人见到了儿子，高兴得满眼是泪说："儿呀，要不是这位军人同志帮娘找，今天难得见到你……"临走时，他们母子二人千感谢万感谢的，送出我很远。我本不想汇报这件事，因为这是自己应该做的。谁知，那老人的儿子果真给部队写来一封信，请求领导表扬这位不知名的战士。那天我回连队晚了3个小时，想瞒也瞒不住……

愉快的星期天

前两个月的一个星期天，我到卫生连去看病回来，走到半路上，看到团部前面那块空地上正在建筑楼房——听说要盖一所小学校。心想，领导经常讲要发扬拥政爱民的光荣传统，反正今天我休息，何不和工人同志一起参加点劳动呢！我鼓起勇气跑到工地找了一辆手推车，帮助工人同志推起砖来。一气推了八九车。工人们开始休息了，我还是一个劲儿地推。工人们感到很奇怪：从哪里来了这么一位解放军战士帮助推砖？有一位穿蓝制服的同志走到我面前，紧紧握住我的手，问我是哪个部队的，叫什么名字。我本不想告诉他，可身边一个工人同志说："他是我们建筑公司第二工区党总支李书记。"这下把我难住了：不说不好，说吧，你们准又是一通表扬。我只说今天没事，参加点劳动是应该的。可是不行，他们一定要知道我的名字，我只好说了。星期天两餐饭，我一气干到快吃晚饭了，回到连队。傍晚，工人们敲锣打鼓地来到我们连，送来一张用大红纸写的感谢信。连里同志这时才知道我带病参加了一天义务劳动。说来也怪，参加点劳动，我的肚子反而不痛了，所以我开玩笑说：参加义务劳动能治病……

节约二百元钱

我从小受的苦，是永远不会忘记的。部队首长经常教育我们不要忘记过去，忘记过去就意味着背叛。我们的国家不富裕，还有困难，一定要发扬勤俭节约、艰苦朴素的优良传统。我每花一分钱都很自然地联想起过去的生活，告诫自己不能忘本。今年春节，连队卖苹果，每人可以买两斤，很便宜，同志们都买了，但我没买。这个春节，我只花了2角5分钱理发，别的钱分文未花。同志们说我穿的袜子不像样子，应该换双新的了，但我补了补还照样穿着……今年7月，我去参加军区工程兵体育运动大会，天气热得很，不少同志都跑到场外去买汽水喝，我也想买一瓶，掏出钱往外走，发现那里有自来水管，我又把钱收起来，上前拧开水龙头喝了个够。我这样做，有的同志说我是小气鬼，太熬苦自己了。我是想，我们不能好了疮疤忘了疼，国家有困难，大家来分忧，就要一点一滴地做，这不是小气不小气的问题。每月发6元津贴费，我只留5角钱零用，余下的都储蓄了。入伍半年多，节约了32元，加上我在工厂节余的工资，现在储蓄了200多元。

支援人民公社和辽阳灾区，就是用的这笔钱。两个月前的一个星期天，我上街去理发，看到成千上万的人正在热烈庆祝望花区人民公社的成立。我想：一个新成立的人民公社，一定会有很多困难，我是一个人民解放军战士，一定要以实际行动去支援。我想到了这些，就到储蓄所取了200元钱。我到了望花区公社说明了来意，公社干部只说收下我的心意，但是不收钱。我说这钱是人民给我的，我现在把它还给人民，支援人民公社发展生产，你们一定要收下这笔钱，就像做父母的收下自己儿子的钱一样，是不必客气的。说了半天，公社只收下100元。不久，报纸上有消息说，辽阳地区遭受了百年不遇的特大洪水灾害。我是从辽阳参军的，对那里的一切怀有很深的情谊。那里受了灾，我不能袖手旁观。想来想去，也没有别的办法，我就把公社没有收的 100 元寄给了中共辽阳市委，请他们转交灾区人民。

做这种事——自己应该做的事，本不想叫领导和同志们知道，因为党的恩情我永远也报答不完。谁知事后公社党委和辽阳市委都给部队来信表扬我，使我很不安……

防洪抢险

暴雨一连下了几天，抚顺地区的洪水不断上涨。8 月 3 日那天，我们连接到上级命令：到郊外上寺水库去抗洪抢险。当时，我身体不好，连长让我在家执勤。我讲了价钱："在这种时候，不能把我留在家里！"我和全连同志到了水库，连夜开掘溢洪道，团长、政委和我们一起战斗在溢洪道中。雨下得很大，堤坝不断塌方，大家挥舞锹镐越干越欢，什么苦呀，累呀，全不在话下，只想到保住水库就是保住了煤都。一不小心，我手中的锹被塌下的土方打掉了，天黑雨大没找见。我只好用双手当锹挖泥，手指挖破了皮，但当我看到左手腕上的伤疤，又想起了过去的苦，心想今天为了保卫人民生命财产不受损失，手指破点皮算得了什么，我继续干。连长见我用手挖，就让我搞宣传鼓动工作。于是我马上收集连里的好人好事，进行口头广播，带领大家唱歌、喊口号，溢洪道里活跃起来了，大家顶风冒雨越干越欢。一连干了四天，我病倒了，晕倒在堤坝上。同志们把我扶到一个老乡家里，连长让卫生员看着我，不许我再到工地去。我躺在老乡家的炕上，越想心里越不是滋味。外面的暴风雨撕裂了我的心，我要上工去，卫生员又不让。从挎包里拿出日记本，翻开第一页，我一眼看见了战斗英雄黄继光的像，他的眼睛盯着我，仿佛在说：雷锋啊，雷锋！在这种时候你能躺在老乡家里休息吗？一种力量鼓舞着我，我用黄继光的英雄事迹说服了卫生员，又跑到水库工地上去了……

伟大的党啊，我慈祥的母亲，我所有的一切都是属于您的。我要永远做您忠实的儿子，做人民的勤务员。为了党和人民的事业，哪怕高山、大海、巨川，就是头断骨粉，也身红心赤，永远不变。

从一个孤儿成长为一名解放军战士
（根据雷锋报告录音整理）

敬爱的首长、亲爱的同志们：

像我这样一个在旧社会受尽阶级压迫和民族奴役的孤儿，解放后在党的领导下，居然成长为一个解放军战士、光荣的共产党员，得到党和首长的信任，受到战友们的热爱，我真感到生长在毛泽东时代是无比的幸福和温暖。现在我将自己生长在两个不同的社会，我所过着两种不同生活的情况，向首长和同志们汇报

雷锋 在营口

一下：

　　我是××××部队运输连的战士，1960年1月8日入伍，入伍前在辽阳（鞍钢）弓长岭化工厂当工人。原籍是在伟大英明领袖毛主席的故乡——湖南省湘潭地区望城县。1958年，党中央发出了大炼钢铁的伟大号召以后，我响应了党的号召，离开故乡，到达了祖国的钢都鞍山。由于党的培养教育，老师傅们的指教和同志们的热情帮助，我学会了新的技术，开上了推土机。那时候，全国人民正在轰轰烈烈地大炼钢铁，我想到，毛主席说的，我国要有钢，要有粮，有了这两样东西，什么都好办。为了响应党的号召，我应该贡献自己的一切力量。我在鞍钢开推土机的时候，我就刻苦地学习，用了三个来月，我就学会了开推土机。我除了开推土机以外，我们每天是8个小时工作，在那时候，我想为了加快社会主义建设，为了大炼钢铁，响应党的号召，为钢而战，下班以后哇，我也不回宿舍，去参加炼钢。有时候，炼到半夜了，我还不想睡觉，越干越有劲。那时候，我厂党委书记曾对我说：小雷呀，我们干工作，不但是要埋头苦干，我们还要干好更多的工作，那就是要懂得革命的道理，要学习革命的理论，要听党的话，读毛主席的书。党委书记对我的这些教育，深深地印在我的脑海里面。从那时候起，我就认真地学习毛主席的著作，在毛主席著作当中我找到了方向，使我的心变得更加地明亮。那时候，我们车间主任对我讲，现在来了很多学员，给你一个艰巨的任务，就是叫你呀带3个学员。当时我感到很惭愧的呀，因为我学的技术也不怎么熟练，我恐怕教不好。但是我想起了毛主席的教导，要做好群众的先生，就必须先做好群众的学生。我想到自己是在党的培养教育下学到一点技术，我要帮助其他同志学技术。我一想到党，想到毛主席，想到祖国的工业建设，就鼓舞了我，使我增添了无穷的力量。我就带领 3 名学员同志一起互相研究，互相学习，我不懂的，就请教其他的老师傅，再告诉他们。由于师傅们帮助，以及学员同志的努力，在 5 个月的时间里，那 3 名学员同志就学会了开推土机，当时我也感到非常高兴。他们毕业以后，我们厂里给了我 36 元师傅钱。每个学员 12 块钱，三个学员就是 36 块钱，其他的师傅都收下了。但是我呢，我就没有收。有一个师傅对我讲，他说："小雷啊，真是个大草包啊，36 块钱买什么东西不好啊，还不要！"当时我想，我学习技术是党培养教育的，如果没有党，我不但是学不了技术，恐怕我连自己的生命都很难保。我把自己取得的一定的知识告诉其他同志，这是应该做的。

1959 年 9 月，鞍钢公司在辽阳弓长岭要扩建一个化工厂。当时，我们向厂党委要求参加扩厂建设，我们那个厂长他就对我讲，他说："小雷呀，到那里去呀，比这艰苦呀，那是一个山沟子，要白手起家，自办工厂。我考虑你恐怕有困难。"当时，我写申请书，写决心书，坚持要求参加扩厂建设，到最艰苦的地方去锻炼自己和改造自己。我再三地要求，最后，厂党委批准了我，去了辽阳弓长岭参加扩厂建设。我到了弓长岭的时候，的确很艰苦。我们从鞍钢一共去了 50 名老工人，还有很多新同志。到那里的时候，我们住的就是老百姓的房子，有的住在工棚子里，一个屋子里住三四十个人。我们的工作就是每天和泥呀，砌墙呀，运砖呀，打地基呀，抬大筐呀，干这些活。在这种情况下，有少数同志不安心，有的就讲怪话，说弓长岭这个地方有十条不如鞍山，吃不如鞍山，住不如鞍山，工作条件不如鞍山……现在我记不起来了。有的说，我在鞍钢是个技术人员，把电钮一按，那机器就转了，到这里后叫我抬大筐，叫我盖房子，干不了。有的就溜跑回去了。

在这样一个艰苦的环境下，我想到党的教导，我想到自己是一个共青团员，应该发挥一个共青团员应有的作用。在这个时候，我就想到厂长同志对我的教导，他说在艰苦的环境下，学习毛主席著作，在毛主席著作当中找方向，找解决问题的方法。毛主席著作的话深深地教育了我，使我增添了无穷的力量。比如，我们盖房子的时候，就有很多困难，特别是东北的天气比南方冷，下了雪，水还结冰，和泥是最困难的，我每天早上就提早 1 个小时上班，参加和泥。去和泥的时候啊，我想到为了提高我们和泥的质量，为了和得快，我就脱下了鞋，跳到泥巴中间去和泥。我的脚被冻得像针扎一样难受，但是我想到这是为了社会主义建设，我的心还是暖乎乎的。又有两名共青团员同志看到我这样，也跳了进来。我就和他们两个团结在一起，分工合作，我们提高了工效。以前，是 6 个人和泥还供不上 10 个瓦匠的需要，现在呀，我们就 3 个人和泥不但供上了 10 个瓦匠的用泥，而且还有多余时间帮助瓦匠运砖。

有一天，我回鞍山开会，在路上看到了一个放羊的老头，那个老头穿着一身很薄的棉衣，当时，我想到这个老头年纪很大了，这么冷的天一定抗不住冻，像我这样一个年轻小伙子不要紧，我就把身上的一件棉上衣脱下来送给了那个老头。那个老头当时就流下了眼泪，他握着我的手对我讲，他说："我死也忘不了你。"随后，我又问他一些情况，他家里过去也很穷，他过去给地主放了 20 多年羊，在旧社会没吃没穿，连一个老婆都没找上。解放以后，党把他拯救出来，使他过上幸福的生活。他们家里有 7 口人，老的老，小的小，都需要公家的照顾。他给我讲旧社会给人家当牛当马，没吃没穿，现在党和毛主席把我们救出来了，大家都在轰轰烈烈地建设社会主义，我如果不给社会主义建设出点力，怎么对得起党和毛主席哪。这位老大爷的话深深地教育了我，我想到这个老头的心哪，和我的心是一样的。于是我就把我的情况也向他介绍了，那个老大爷讲，这真是我们穷人心连心哪。后来，我有时间就去他家看望这位老大爷，把他当作自己的父亲一样，给他打柴呀、挑水呀，给他做些零活。

　　我们在建设厂房当中，我看到了工地上到处有大粪，心想，这些大粪是肥料，再说到处是大粪也不卫生，要是把它拾起来，既积了肥，又搞了卫生，这是一举两得。自此，我每天早起半个小时上班拿大筐捡大粪，中午吃完午饭以后，大家都休息，我就跑去捡大粪。下班大家都走了，我总要捡一筐大粪才回去。一个多月以后，我就捡了 700 多斤大粪。一个星期天，我到了附近的安平人民公社，我说我捡了 700 多斤大粪，准备送给他们。当时那个副主任给我讲，他说你要多少钱哪，我说一个钱也不要，我这是利用业余时间捡的，人民公社建立，我没有什么礼物送，就送大粪作礼物。当天吃过午饭以后，我就把那大粪都掏出来了，利用这么大的大筐装了 21 大筐，后来我又找了两名共青团员同志帮忙，把这些大粪亲自送到了公社的大门口。

有几天晚上，我学习毛主席著作，已经到半夜了。我那个王师傅在矿上开会回来了，他对我讲，小雷你怎么还没睡觉哇，已经 12 点了。我就对他讲，为了学习毛主席著作，我不想睡觉哇。当时王师傅还讲，气象台预报今天晚上有大雨。当时，我想到我们工地上有很多材料，要是下雨的话，把这些材料打湿了不好办，我就跑到了调度室，把这一消息告诉了调度员。调度员他才想起了，他说，哎呀，前天刚好运来了 7200 袋水泥，现在还散放在工地上，没有东西盖呢。现在工人都睡觉了，他急得没法。我就马上往外跑，去找工会主席，找车间领导。当我跑到工地以后，雨越来越大了，现在眼看国家的财产就要受到损失了，怎么样来抢救呢？因此，我就把自己一件棉大衣脱下来盖到水泥上，我想到抢救一袋是一袋。在当时，又找不到东西盖，我急得没法，就赶快往回跑，跑到宿舍以后，我把自己的被子、褥子，一齐拿来盖在水泥上了。当时我一面跑一面叫，叫来了 20 多个工人同志，组织了一个抢救水泥突击队。我们找来了一块大雨布，盖的盖，抬的抬，很快地就把那水泥盖好了。7200 袋水泥没有受到损失。第二天，我们工厂党委书记天还没亮就到办公室里来，当时我在办公室看毛主席著作。他问了昨晚盖水泥的情况，他又到工地上去看了一下，然后，李书记请来了几个人，把我的棉被子、褥子给我洗干净了，然后又送到了我的宿舍。我们工厂为这件事还编了快板，编了剧。

1959年12月3日那一天，全厂召开了一个职工大会，李书记在会上向我们作了关于1959年征兵的报告。我听了这个报告感到非常高兴，当天晚上我怎么也睡不着觉。半夜的时候，我从床上起来，跑到车间办公室，拉住李书记，和他讲，李书记呀，我能不能入伍呀？当时他就跟我讲，像你这样身强力壮的年轻小伙子，当人民解放军当然可以了。我听他这么一讲，非常高兴。这时李书记哎呀了一声说，小雷呀，下这么大雪，你不冷呀，怎么不穿棉衣？当时我一看，自己只穿了一套单衣，这时我才觉得有点冷。李书记就把自己的棉大衣披在我身上。我回到宿舍以后，还是不想睡觉，我在桌子旁写了入伍申请书和决心书。到第三天，我们就开始检查身体。在检查的时候，我很早就跑到了体检站。原来我们厂里跟我讲，明天准备派车把你们送去。我怎么也等不得了，半夜爬起来就往那个体检站走。走到半路上的时候，看到一台军车，当时我就把手一招，那军车就停下了，我就和他们讲，解放军同志，你这车到哪去呀，他说到辽阳去，我说我快要入伍、快要当兵了，准备到辽阳去检查身体，想搭你这个车去，好不好哇？当时那个解放军同志非常好，他说那行啊，将来我们都是革命的战友了。这样我就乘车到了辽阳体检站。当时站里的人刚吃完早饭。后来，那个余政委看到我去了，叫住我说，小雷呀，来得这么早哇。当时我很奇怪，这个首长怎么认识我呢？后来我问他，首长怎么认识我呢？他讲你在入伍前，不是写了一篇稿吗？在报上已经登出来了，我看到了，就上你们工厂去了，还见到你在盖房子，我让厂党委书记介绍了你的情况，就这样认识了你。后来他带我去检查身体，检查血压的时候，那个医生对我说，小鬼呀，你的血压怎么这么高啊，不行啦。当时我的心像压了一块石头一样，我很怕不能合格。后来我就跟他们讲，我等一会再检查好吗？医生们同意了。第二次检查，血压还是很高。第三次时，余政委来了，和那个医生讲，这个小鬼，他昨天晚上没有睡好觉呢，可能和今天早上还没吃早饭有关系。当时我听他这么一说，心里非常高兴，感谢这位首长对我的关怀。第三次检查的时候，血压就下来了。接着检查身高，我怕不够高，趁医生不注意，我就把脚跷了起来。再就是查体重，我往秤上一站，只有96斤，当时我就对医生讲，我说，我还没吃早饭呢。他说你怎么不吃早饭呢。我说我太高兴了，吃不下呀，那个医生笑了。一直到1960年1月8日，我们工厂敲锣打鼓把我们送到了辽阳市兵役局。到了那还要检查身体。以后大家都穿上了黄军装，我看到报名处就没有我的名。听人说我不够格。看到他们都穿上了军装，我非常着急，跑到兵役局找到余政委。他讲，小雷呀，最主要考虑你个子小啊，再一个讲，你还差好几公斤呢。当时满肚子委屈涌上了我的心头。但我坚决要求当兵不可，为我父母亲报仇，为阶级兄弟报仇。后来，终于被批准当了兵。

我刚刚走进部队，就觉得有说不出的温暖。头一天晚上，因为我在火车上受了凉，有点咳嗽，夜间睡不着觉，看到营长轻轻地走到我们的房间，给同志们盖被子。营长看我还没睡着，就小声问我："小雷，怎么呀？是不是受了凉?"我想首长工作又忙又累，夜间还来看我们，自己有点小病，还是不告诉他好，以免麻烦。深夜一两点钟，营长又走到我身旁，把自己的被子和大衣给我轻轻地盖上，还请医生给我看病。我激动得泪水流湿了枕头。从这一天以后，我更加热爱我们的军队了。我暗暗地下了决心，一定要做一个好战士，感谢首长的关怀。

我刚到部队还没有养成革命军人那种高度的组织性和纪律性。例如在一个星期日我去街上照相，既没有请假也没有告诉别人。回来后指导员找我谈话，他亲切地拉着我的手说："军队有严格的纪律，无论做什么都要事先请示报告，如果军队没有严格的组织纪律，就会成为一盘散沙，就不能战胜敌人。"他又告诉我革命军人应该自觉地遵守纪律。然后，他给我讲了一个邱少云在烈火烧身的情况下也不违反纪律的故事，我听了以后难过极了，一头扑到指导员怀里哭起来了。指导员给我擦干眼泪，安慰我说："只要认识到错了，今后改正就行。"我牢牢地记住指导员的教导，从这以后，我再也没有违反过任何纪律。

入伍后不久，部队进行了社会主义教育，通过新旧社会的回忆对比和参观烈士墓，使我深刻地认识到在旧社会受苦难的不只是我一家，而是所有的劳苦大众……我们只有练好军事本领，保卫住可爱的祖国，才能使我国的劳动人民永远不再遭受苦难。

军事训练开始了，我一听说军事训练是学习保卫祖国的本领，我高兴极了，每天勤学苦练各种军事技术。在投手榴弹时，因为我个子小，臂力不大，总也达不到要求。一个革命战士如果在战场上掷不出手榴弹就消灭不了敌人，那怎么能行呢！于是，我起早贪黑地练习，常常晚上借着月光，偷偷地从床上爬起来，拿着手榴弹练起来。有时胳臂疼得很厉害，可是当一想到吃点苦、受点累是为了保卫祖国的时候，就是再疼一点，又算得了什么呢！经过一个时期的苦练，终于达到了要求，取得了实弹投掷的资格。在测验时，我准确地把手榴弹投到了"敌人"的碉堡里。

我入伍以后，指导员和其他首长经常给我们讲战斗英雄的故事，特别是当我接触了许多英雄、模范人物以后，他们的事迹和行为深深地感动了我。我时刻都以他们为榜样，在工作中埋头苦干。有一天，我看到厕所的粪池满了，第二天天不亮就悄悄地爬起来去掏〔淘〕厕所，干了一早晨，累得满头大汗还没掏〔淘〕出多少。指导员起床后发现了，他亲切地对我说："你这种工作热情是好的，可是光靠一个人的力量有限，只有把群众发动起来力量才是大的。"午休时间，在指导员号召下大家一齐动手，不到一个小时就把厕所掏〔淘〕完了。这件事深深地教育了我，从此以后，我就事事都依靠群众，带动群众和我一起前进。只有大家都好了，才能完成保卫祖国的伟大事业。

（1960 年）

忆苦思甜

（根据雷锋报告录音整理）

　　我叫雷锋，生于 1940 年 12 月 18 日，家住在湖南省湘潭专区望城县，家有 5 口人，爸爸、妈妈、哥哥、弟弟和我。

　　我在旧社会遭受的痛苦和广大劳动人民一样是深重的。解放后，党和英明的毛主席拯救了我，给我带来了无比的幸福，我所要讲的也就是我在两个不同的社会里，过着两种不同生活的对比。

　　黑暗的旧社会是一个吃人的社会，穷人只能给富人当牛当马，过着非人的苦日子。我家祖辈三代都是给地主做长工，维持一家半饱的生活，我爸爸给唐地主做长工时，连一家半饱的生活也维持不住。到了荒年腊月，好久还看不到一粒米下锅。我哥哥常常带着我出去要饭，看到富人就央求他们给点吃的，要是碰上有钱人家做喜事，就讨点剩饭剩菜吃，看到桌上的饭菜也用手扫了起来，装在一个要饭的破布兜里，留着下顿吃，要是离家近一点，就带回家去，给小弟弟吃。

　　我妈妈怕养活不了我那幼小的弟弟，想把他卖给有钱的人家，我爸爸心如刀割，坚决不让。他泪汪汪地说："我们全家死也要死在一起，决不能把他卖了。"我爸爸被逼得没法，只好把睡的床铺抬出去卖了，在地上砌几块土砖，取下房门板，搭着睡觉。

我们住着一间破草房子，屋顶露着天，后墙倒塌，要是天下雨，外面下大的，屋里就下小的，我妈怕雨淋湿了我的脑袋，拿着一个破脸盆罩在我的头上，又怕冻着我，拿破烂麻袋披在我的背上。冬天冻得没法，只好拿几捆稻草，堵住风雪，冷得实在不行了，全家人紧紧地挤在一起，又拿上几捆稻草盖上。终年辛勤劳动，全家5口有米不够半年吃。

抗日战争时期，日本鬼子侵略我国，残酷地屠杀人民；地主、资本家血腥地统治、压迫和剥削人民，劳苦人民无法生活。我爸爸参加过共产党所领导的抗日斗争，1945年被日本鬼子抓住，惨遭毒打，吐血屙血而死。全家无法生活，我12岁的哥哥到离家几百里的津市一个机械厂当徒工，经过资本家一年左右的折磨，得了童子痨（肺病）。一天，昏倒在机器旁，轧伤了胳膊，轧断了手指，资本家看他再无油水可榨，便把他赶出了工厂。回家伤势稍好，又到荣湾市学皮匠，学印染。由于劳累过度，病情恶化，死于1946年春。

我和妈妈、弟弟3人，只好上街讨吃，我那幼小的弟弟受不住那种生活的折磨，活活饿死在母亲怀里。可恨的唐地主，逼迫我妈到他家做女工，我也跟着去了，我妈给他家喂奶带小孩子，给小孩洗屎洗尿，给少奶奶倒马桶。我给他家扫地，抹桌凳。后来妈妈被唐地主强奸，我妈被逼得上天无路，入地无门，在1947年8月中旬的一天晚上自杀。那天晚上，她泪汪汪地对我说："苦命的孩子，妈妈不能和你在一起了，靠天保佑，你要自长成人。"她脱下自己的一件衣服披在我的身上，叫我到六叔祖母家去睡，我走后，她就上吊了，和我永别了！

（哭声……）

我母亲死时我还只有 7 岁，旧社会使我无法活下去。在那吃人的社会里，"三座大山"压得我简直没法活命，这些仇恨我一定不能忘记，我要报仇。

一个农民介绍我到地主家看猪，每天看 10 头猪，要给猪洗澡，晚上没有地方睡，有时还要同猪睡。有一天，我扫猪栏扫得不干净，地主卡着我的脖子打。过年地主吃鱼吃肉，把肉喂狗，我也想吃点，我捡了喂狗的肉吃，被狗腿子揪着耳朵，揪出了血，我哭了，地主把我往外面拖，不给我饭吃。我一个同伴很同情我，但也没有办法，就装了点猪食给我吃。

有一天是八月十五，天已经黑了，地主要我到 6 里外去打酒。到酒店，店主已经睡觉了，喊门叫不开，我就哭起来，他们才开门。我一天没吃饭，在回来的路上走不动了，跌了跤，把酒也洒了些。回来时地主还坐在床上等酒吃呢，一进门就说我回来晚了，打了我几个耳光。又说酒不够，问哪里去了，我说洒了点，他怪我把钱买糖吃了，一拳就打在我的鼻子上，出血了，一脚又把我踢在地上。当晚不给我饭吃，我没有办法，就到屋后挖了两个地瓜吃，又被地主婆打了一顿耳光。1947 年在地主家看猪，一天我用小罐子煮了点野菜，煮好了正准备吃，被地主家的一只猫刮倒了，狗又跑来吃了我的菜。我就打了狗，狗也咬了我，被地主婆看到了，她说打狗欺主，要打死我，还骂道："这样的穷鬼打死十个少五双，死一个少一个！"多亏毛奶奶说情，才没有打死我。第二天地主把我赶出来，我没有办法，在破庙里住了几天，只得吃野果山枣。解放后，我看了《白毛女》电影以后，心里非常痛，在吃人的旧社会里像我这样的人很多，都被搞得妻离子散、家破人亡。我一定革命到底，不消灭反动派决不甘心。

旧社会的苦是我们的阶级苦，我时时记住这血泪深仇。我想到全世界人民没有得到解放，我国台湾也还没有解放。想起他们心里就难过，一定要解放台湾，打倒帝国主义，把我的一切献给人民，献给党！

1949年我的家乡解放了，地下党员彭乡长找到了我，我那时真不像样子了，头发长得很长，身上披了一个旧麻袋。他给我洗了澡，给我换衣服，过年还把我接到他家里做好了菜给我吃。我好像做梦一样，心里非常感激彭乡长，就跪在他面前。他说，孩子，不要感谢我，是伟大的党和毛主席救了你，要感谢党和毛主席。后来党又送我到学校念书，老师给我和同学发了新书，看到同学都交了费，我就去找老师说，我还没有交费呢，老师就说这是党送你去读书，并翻出毛主席像说，就是他老人家送你读书的，你永远也不要忘记他老人家。所以我第一次就在笔记本上写了"毛主席万岁"五个大字。我非常感谢党和毛主席，连睡觉做梦都想见到毛主席。后来有一个同志带我到了毛主席家乡去参观，有一个老爷爷给我讲了毛主席的故事。毛主席热爱学习，热爱劳动，处处从人民的利益出发。我非常感动，一定要好好学习，做毛主席的好学生。每天功课每天都做完，星期天也不休息，晚上9点多钟才睡，我想将来很好地为人民服务。所以一年级时我考了第一名，二年级也是第一名。二年级时土改斗地主，我们乡里成立了儿童团，我参加了，后来大家选我当团长。大人搞生产很忙，我们儿童团就去看管地主，斗争那个姓唐的地主时，我非常气愤，恨不得一口气要吃掉他，旧仇都一齐涌到我的心头，母亲是在他家做女工时被害死的，我在他家放猪遭到了非人的折磨，斗争后就把他枪毙了，为我们的阶级兄弟报了仇。

只有好好学习，将来才能更好地为人民服务，报答党的恩情。我在三年级时，参加了少先队，我是第一批入队的。少先队发展了，大家选我当了队长。我们队的工作搞得很好，评为全县的一个先进单位，这是队员们努力的结果。

我于1956年高小毕业，正是党号召大办农业、发展农业生产的时候。老师要我们学生填志愿，很多人都填志愿要入技校、高中，我就在志愿书上写着"党的需要就是我的志愿"。当时这样填的，班上只有两个人，一个是贫农的女儿愿意回农村养猪。老师让我升学，我向学校写了决心，要求到农村参加农业生产，去建设新农村。农业是国民经济的基础，到农村可帮助农民扫盲，去锻炼和改造自己。农村是广阔的天地。毛主席说有两门知识：实践知识、书本知识。我再三保证，才批准我的要求。到农村几个月收获很大，学了犁耙和许多生产知识。

和我同去的那个女同志成了养猪模范，上北京见了毛主席。她经常对我进行帮助。在农村是艰苦一些，但是想到建设新农村，我就很乐意干了。

1956 年 12 月调我到望城县委工作。县委张书记经常教育我，给我讲革命故事，买书给我看，对我帮助很大。

1957 年 2 月，我入了团。

1958 年，望城县委在团山湖创办了农场，我要求到农场去，张书记批准了我的要求。到农场以后，场长对我很好。有一次，我同场长去开会，路上碰上雨，一个同志借了一件雨衣给场长，他要给我穿，我不肯，推来推去，最后俩人都有了才算作罢。

我生了一身疖子（疮），场长把我送到医院，场长、书记天天来看我，送东西给我，对我非常关心，我很感动。医生叫我住一个星期医院，我住了 3 天，就从窗户偷跑回来，到工地参加劳动去了。不久又调回县委工作，县委要建立拖拉机站，团县委号召捐钱买拖拉机。我那月发薪 29 元，除了 9 元伙食费，捐了 20 元。县委要我学开拖拉机，我又当了望城县第一名拖拉机手，学了 5 个月，就毕业了。回来时，张书记还给我戴了一朵大红花。

每天白天、黑夜，我就驾着拖拉机耕地，一天工作十多个小时，我也不觉得累，后来粮食丰收了，我非常高兴，原来是荒湖，现在开垦成了良田。

1958 年，党发出大炼钢铁的号召。毛主席说，没有工业，就没有国防，没有人民的幸福。要有钢铁，就只有听毛主席的话，自力更生。那时鞍钢到望城县招工，我再三要求，还是不同意，我又找到张书记，才批准我。1958 年 11 月 15 日离开县委，不久来到鞍钢，看到大机器，我非常高兴。到鞍钢后，人事科长找我谈话，说："你以前当过公务员，你还给首长当公务员，跟着首长一起住洋房，坐小汽车，生活很好。"我不同意，说我不是来享受的，是来工作的。后来，才送我到技校学习，学了两个月回来，当了推土机手，人小机器高，我就垫了一些被子等东西才勉强开得动。

1959年2月，全国各地很多青年到鞍钢学习，党给了我一个任务，要我帮兄弟厂带3个学员，厂里要给我36元师傅费，我拒绝了，有一个老师傅说给钱你不要，是"傻子"。我这个人要没有党和毛主席连命都没有，能开推土机、学技术是党和毛主席给我的。

1959年8月，鞍钢扩大焦化厂，在辽阳建厂条件很艰苦，我要去，副厂长不让我去，在我坚决要求下，才让我去的。那里条件很差，有些同志不安心工作，不愿意挑大筐，不愿意盖房子，有的说怪话。这时我想起自己是共青团员，坚决不动摇，想起最艰苦的地方也是党最需要我的地方，是党考验我的时候。我就向李书记表决心，愿意干一辈子。李书记对我教育说："干革命不但要埋头苦干，还得懂得革命道理。"他买了一本毛主席著作给我。从那时起，我就开始学习毛主席著作。

前一段我只知道感谢党的恩情，埋头苦干，自己干好了就行了，从这时起，我开始懂得了一点道理。但开始学习毛主席著作时碰到很多困难，有些字看不懂，不像看小说那样。李书记又告诉我，学习毛主席著作要有的放矢，从实际出发，带着问题学习毛主席著作。那时盖房子是冬天，和稀泥是关键，是最艰苦的工作。稀泥供不上，这个困难怎么办，我就带着这个问题学习毛主席著作。毛主席说："艰苦的工作就像担子，摆在我们的面前，看我们敢不敢承担。担子有轻有重。有的人拈轻怕重，把重担子推给人家，自己拣轻的挑。这就不是好的态度。"毛主席的教导使我得到深刻的启发，听毛主席的话，把重担子挑起来，一定选艰苦的工作干。我就争着去和泥，水结了冰，和不动，我就脱掉鞋袜、赤着脚，冷得很厉害，手脚都冻麻木了，但想到为祖国建立化工厂，心里挺暖和的。又有两个青年和我一起干起来，这是我学习毛主席著作第一次收到了效果。后来又搞技术革新，怎么搞？我又学习毛主席著作，主席说："你要有知识，你就得参加变革现实的实践。你要知道梨子的滋味，你就得变革梨子，亲口吃一吃。"我就和同志们一起参加劳动，我又和同志们一起学习毛主席著作。有一天晚上，我正在学《关心群众生活，注意工作方法》，到半夜，突然下起雨来，我跑到调度室听说还有7200袋水泥没盖，被雨打湿就完了，心里很着急，怎么办？我想到了向秀丽，想到了毛主席的教导："无数革命先烈为了人民的利益牺牲了他们的生命，使我们每个活着的人想起他们就心里难过，难道我们还有什么个人利益不能牺牲，还有什么错误不能抛弃吗？"这时我马上叫起20多个青年把自己的棉衣、被子拿去盖了。被子被打湿了，但看到国家财产没有受损失心里很高兴。

　　党的八届八中全会以后，人民公社成立了，我学习了八届八中全会文件，自己想：我为人民公社做了什么？我每天就捡大粪积肥，一个月捡了700多斤，送到了公社，公社要算钱，我说我没有什么礼物送公社，这些大粪就作为我的礼物吧！

一次，我碰到了一个老头在冬天早晨没有穿棉衣，我就脱了自己的棉衣，送给了他。毛主席说关心他人比关心自己为重。老头子说不出话来，约我到他家去。他给地主放过20多年羊，现在是个工人，有个母亲70岁，爱人50岁，还有3个孩子。我后来又送了几件衣服给他家，我常到他家，他还要我做干崽（干儿子），我很爱他家。这是毛主席思想教导我所产生的阶级感情。

厂里开展社教以后，一次工会副主席对我说："工厂是集体的，你不要那么认真，要注意身体。"那天我睡不着想不通，他是工会副主席为什么这样。又过了几天，他又找我谈："小雷，工厂大鸣大放，叫大家提意见，你要放就放几条，过去旧社会什么东西都有卖的，有鱼肉，现在什么也买不到。"我想在旧社会吃鱼肉的是地主，穷人哪吃得起呢！心里对他有意见，但是不敢对他提意见，他是工会副主席。李书记说大鸣大放要站稳立场，听党听毛主席的话，我看了《中国社会各阶级的分析》一文，我就用阶级分析的方法，对工会副主席进行了分析，看到他不是我们的人，我就将情况向李书记反映了，李书记要我以后注意他的言行。有一次在厕所，他又对一个新工人说过类似的话。我听了很气愤，又马上报告了党委。经过调查才知道，他是一个混进党内的异己分子，当过土匪，后来被开除了党籍，进行劳动改造。这件事对我教育很深。

1959年12月8日（应为3日），李书记在青年会上作了应征入伍的报告，我听了很激动，一晚也睡不着，半夜跑到了李书记那里，把他叫起去报名，连棉衣也忘记穿，他把自己的棉衣给

我穿上说："你先睡觉吧！明天再来。"当晚我又写了一篇稿子《我
决心应征（召）》，4点就去了，但只报了第二名。我想体检我一
定要搞第一名，第二天半夜，我就起来去体检，传达室不让我
去，我说是起来解手去，出了大门后，正碰上一个军车，我就坐
上了车，到了辽阳兵站。碰上了一位少校首长，一进门他就问：
"小雷你怎么这么早？"我很奇怪，说你怎么认识我，他拿了一张
登了我的报纸给我看，说："你那次搞劳动，就认识了你。"他把
我带到办公室谈了一会儿，问："你为什么要入伍？"我说："为了
消灭帝国主义，解放台湾同胞，一定要当解放军，保卫祖国，捍
卫边疆不被侵犯。"

后来搞体检，量我血压高了不合格。我说："我休息一会儿
再检查好吗？我昨天晚上没睡觉，今天早晨没有吃早饭。"后来
李书记来了，对武装部政委说："他昨晚没睡，很激动。"那位少
校也给医生讲了，检查才合格。第二次检查身高，我就踮起脚
尖，被医生发现，后来正好及格。检查体重我才48公斤，我又
向医生说我还没吃早饭哩！吃了饭就会合标准！

1960年1月8日我入伍了。我到了部队，首长把衣服、帽
子给我一穿，对镜子一照，特别高兴，不知怎么说才好。一夜没
睡，感冒了，营长半夜来查铺看我咳了几声，马上叫医生来给我
看病，并把自己的被子给我盖上，使我非常感动。

首长经常对我说，我们的军队是人民的子弟兵，有明确的政
治方向。鼓励我做毛主席的好战士。懂得革命道理才能当好毛主
席的好战士。我也积极学习毛主席的著作，挤时间学，有时晚上

学习太晚，头昏，我就洗一洗脸。我想到自己的觉悟低，一定要好好学习，利用开饭前后，有时连到厕所我也不放过学习，部队规定9点钟熄灯，我就买个手电，在被子里学。我学完了《毛泽东选集》一至四卷，其他政治书籍60多本。重点学了《反对自由主义》、《将革命进行到底》、"老三篇"、《矛盾论》、《实践论》。学了毛主席著作以后，使我眼亮心宽，懂得了一个人应该怎样活着，树立什么样的人生观，对我帮助很大。在学习中，我曾碰到很多困难，但我没有向困难低头。开展军事训练，投手榴弹，我体力差，投不远，这时又学习了毛主席著作，毛主席说要向困难作斗争。投手榴弹是练战斗本领，为了消灭敌人，不练好本领怎么消灭敌人，因此我经常天没亮就起来练手榴弹，手臂练肿了，但我从未终止，练了一个多月，搞实弹练习时，我合格了。

（1960年11月5日）

后　记

1963 年 3 月 5 日，《人民日报》发表毛泽东同志"向雷锋同志学习"的题词。2023 年是毛泽东等老一辈革命家为雷锋同志题词 60 周年。60 年来，"雷锋"的名字深深地根植于人们的心中。他已离开半个多世纪，却一直活在我们心底。每当看到好人好事，我们总会想起他的名字。他，就是雷锋。

雷锋成为全国人民的楷模，雷锋精神成为中国人的精神丰碑，学雷锋、做好事，在全社会蔚然成风。

2014 年 3 月 11 日，习近平总书记出席十二届全国人大二次会议解放军代表团全体会议，亲切接见部分基层代表。他对某工兵团"雷锋连"指导员谢正谊说："雷锋精神是永恒的，是社会主义核心价值观的生动体现。"2021 年 9 月，党中央批准了中央宣传部梳理的第一批纳入中国共产党人精神谱系的伟大精神，雷锋精神赫然在列。辽宁，作为雷锋第二故乡，雷锋精神发祥地、全国学雷锋活动策源地，而营口，就是雷锋踏入军营的地方、是孕育伟大雷锋精神的地方。用雷锋生前战友、"雷锋团"副团长、营口市水务公司原党委书记尚德山的话来说：雷锋出生在湖南，工作在鞍钢，当兵在营口，牺牲在抚顺。

《雷锋在营口》即是为此出版。

从 1990 年开始，本书主要撰稿人韩晓东同志利用业余时间，征集大量有关雷锋的历史资料和口碑资料，在抚顺、鞍山、营口等地采访了乔安山、张峻、王柱根、杜玉琛、张时扬、曹玉德、尚德山、伍哲明、马天宝、罗叔岳、张国安、王泽昌、刘新福、沈成章、史天法、王树兴、徐宝福、朱家骝、罗世茂、于殿荣、梅忠华等雷锋生前战友数十人，同时采访了应邀来营口的原海军副政委冷宽中将、"雷锋团"副政委刘家乐、运输连连长虞仁昌、团摄影员季增等人；采访了营口火车站原客运主任、见证雷锋在火车站做好事的李文久；参阅了《雷锋的故事》《"雷锋班"的故事》《雷锋日记》等 100 多本有关雷锋的书籍，查阅了 1960 年以来的《营口日报》及部分《辽宁日报》《人民日报》和营口市档案馆的相关档案，爬梳了雷锋的照片、画册、宣传画、幻灯、唱片、音像资料及各种纪念证（章）等物品，对"雷锋在营口""营口是雷锋的第二故乡""营口是孕育雷锋精神的地方"进行了深入探讨和研究，作出了符合历史事实的结论，还原了历史的本来面目，向读者朋友们展示了一个真实完整、有血有肉的雷锋。

时光倏然走过 60 年，小树亭如盖，少年变白头，"雷锋"仍然是那个足以让所有中国人血脉偾张的名字。2023 年，时代的新风蓬勃有力，我们站在这片热土上，回溯那些闪光的岁月，不禁慨叹丰碑的力量。作为共产党人精神谱系的重要组成部分的雷锋精神是民族精神的最好写照，它并不会因时光流逝而失去影响，反而会在新时代展现出新的光芒。

本书从采访、文字的记录、整理，到屡次扩写、润色，直至定稿付梓，饱含着韩晓东同志对雷锋精神的无限景仰和对雷锋事迹的深入挖掘，经过了中共营口市委宣传部、政协营口市委员会文史资料委员会、中共营口市委党史研究室的相关同志和作家朱紫墨及人民出版社政治编辑一部的祝曾姿编辑的数次修改和审定。在此，对所有给予帮助和支持的单位及个人表示衷心感谢，对各位在工作中表现出的专业和敬业表示敬意。

由于"雷锋在营口"的历史已过去多年，原始资料严重不全，书中难免存在纰漏和不足，敬请读者海涵、指正。

在雷锋短暂而光辉的一生中，他坚持听党话、跟党走，积极响应国家号召、坚决支持国家建设，哪里需要去哪里、哪里有难去哪里，用自己的一生服务祖国、服务人民。

60年来，雷锋精神在营口这片土地上薪火相传、生生不息，成为一种精神符号和文化基因融入营口这座城市的血脉，凝聚起强大的精神力量。

雷锋其实从未离我们而去，雷锋的精神激励着一代又一代中国人自强不息、奋勇向前，雷锋的信念引领着一代又一代中国人踔厉奋发、勇毅前行。

编　者

2023 年 2 月

责任编辑: 陈光耀　祝曾姿

封面设计: 汪　莹

责任校对: 吕　飞

图书在版编目（CIP）数据

雷锋在营口／中共营口市委宣传部，政协营口市委员会
　文史资料委员会，中共营口市委党史研究室编著 . —北京：
　人民出版社，2023.3
　ISBN 978－7－01－025519－4

I. ①雷⋯　II. ①中⋯ ②政⋯ ③中⋯　III. ①雷锋（1940—
1962）- 生平事迹　IV. ① K825.2

中国国家版本馆 CIP 数据核字（2023）第 044480 号

雷锋在营口
LEIFENG ZAI YINGKOU

中 共 营 口 市 委 宣 传 部
政协营口市委员会文史资料委员会　编著
中 共 营 口 市 委 党 史 研 究 室

人 民 出 版 社 出版发行
（100706　北京市东城区隆福寺街 99 号）

北京华联印刷有限公司印刷　新华书店经销

2023 年 3 月第 1 版　2023 年 3 月北京第 1 次印刷
开本：880 毫米 × 1230 毫米 1/32　印张：6.625
字数：132 千字

ISBN 978－7－01－025519－4　定价：45.00 元

邮购地址 100706　北京市东城区隆福寺街 99 号
人民东方图书销售中心　电话（010）65250042　65289539

.